大漢溪紀行

文・攝影／陳銘磻

大漢溪桃園流域的人文生態與地景錄

〔本紀〕隔壁鄉，流星絆

山道旁大漢溪的流水潺潺，盈盈一水間，
豁然見到天邊不被束縛的流星，如雨成串的飛奔到義興吊橋那頭。

無數依枕沉眠的夜裡，總是作同一個夢，夢裡不斷出現流星雨，那些閃爍山頂的流星群，多到差些可以越過大漢溪，直撲眼前，穿透眼瞼，然後使人驚醒。

我害怕黑夜中湧起通徹明晰的回憶，會讓人像個無辜受驚的小孩，嚇出一臉鐵青。

明明只是看流星一溜煙滑過面前，我卻因為夢見自己從搖曳不定的懸索橋，掉落到看似無底深淵，遼闊無比的大漢溪底，腦門擅自揣測這一失足，無異奪取我的性命。

這時的河岸飄來冷寂的死亡味道，不論山的顏色、風的方向、流水的聲音，紛紛從眼下消失，直到沉落冰冷的水底，手中突然像是握住一塊空幻的浮木，才又從被扭曲的水文中站起身。意外發覺，我怎能這樣氣定神閒的以曼妙姿態游移水面，一路跟著被夜空反射溪河的點點星光，逼近到爺亨部落的水草岸邊，心緒恍惚分不清這裡究竟是玉峰溪還是大漢溪！

誰都有沒辦法跟別人傾訴的荒唐夢境，人要想起不可思議的夢，真的不

1971 年，作者任教新竹尖石鄉玉峰國小

時任玉峰國小教師

需要理由。

此後，我每天都帶著祈求的心迎接新的一天，昨天一天，今天一天，希望噩夢就這樣出現一次，不要再來。

夢夢銃銃之後的某個春末近午時刻，事出不意的前往巴陵賞櫻，當站在大漢溪起點的下巴陵土地，我在前往爺亨部落的小路，見到似曾相識，岩壁生長松葉蕨的彎道、那一座狹窄的水泥橋、就快斷裂的懸索橋，還有流蘇一般輕柔的小瀑布。

絕不是靈魂跌進前世今生的光怪現象，也不會是我引事訛謬，一九七一年同樣春天，我確曾到過這裡，從遙遠的尖石鄉玉峰村翻山過河，步步驚險走來。

自偏遠新竹尖石玉峰村徒步到桃園復興爺亨部落，沿大漢溪而行，再到山下三民、大溪，這一段崎嶇不平的蜿蜒山路究竟多長？怎麼丈量？我不知道，總之，記憶中縱橫交錯的山脈與山徑，層巒疊嶂到我根本難以分辨東南西北。

時間在前面，時間在後面，時區未改，沿溪而行的時間並沒有變快或變慢，從秀巒村流下來的泰崗溪、玉峰溪，到了爺亨、下巴陵，形成大漢溪，溪谷跟著寬闊起來。

大河的生命自有出路，湯湯川流不知多少年的大漢溪，看似就近，卻頭也不回的往角板山方向過去，行經大溪，拐進鶯歌與三峽，到三重與萬華，匯流新店溪成淡水河，緩緩沒入臺灣海峽。

馬里科灣溪河川保育協會

原名馬里科灣溪的玉峰溪

是誰說的，「美麗的河水輝煌地袒露出銀色胸膛」，一九六〇年代的人，誰看地圖？誰在意大漢溪為什麼取名「大漢」？誰關切這條源自泰雅族聖山大霸尖山、品田山的溪流，源頭稱塔克金的泰崗溪，在秀巒與薩克亞金會合，改稱馬里科灣的玉峰溪，竟是一九七一年我生活了近一年的玉峰村流域。

我絕對不是那一種給點陽光就無端燦爛起來，下點小雨就莫名其妙氾濫的人，當時二十歲，懷抱命中注定邂逅的心情，去到偏僻荒遠的玉峰國校任教，起先以為四周高山環繞的小山谷，房舍稀疏散落的玉峰村就是青春生命的陽光，是滋潤心靈的雨滴。

完全無法想像，在人煙稀少的山地部落，寒流來襲，風雨呼嘯而過，雨水敲響宿舍每一扇木窗，校園幾株聖誕紅，在風雨招搖中，枝椏斷落，發出陣陣刺耳的迸裂聲，冷風刺骨，我將如何度過跨一步路出去便可能傾仆失足的部落生涯？

我捻亮屋內燈火，打算用微弱的光芒暖和被寒風凍僵的夜晚。

燈火無用，只得衝冒風雨，踩一路隨處噴濺水花的山徑，敲開村民的木門，為索柴火取暖，順道和三、五泰雅人圍坐火焰，憑依熊熊烈火，飲幾杯小米酒祛寒。

已然習慣跟族人一起在部落活動了，攀登一座座陡峭的大山，上山、下山或走晃晃悠悠的吊橋，在溪畔聆聽鳥鳴幾聲清脆的神清氣爽，看雲霧煙嵐從山麓迎面而來，又飄向長滿閒花野草的河岸，果然，山朦朧，水也朦朧，

桃園復興區三光里爺亨部落

復興區三光里爺亨部落

玉峰溪不斷變化蒼蒼茫茫的多色景象。

被濃霧包圍時，就要懂得找尋能為自己照亮前行之路的明燈。

不論以後會發生什麼事？縱然吃菜根淡中無味，十分苦澀，就是不能放棄活下去的意志，直到最後的最後，都要在荒山野地，寫意般活出價值，就算失去輝耀光采的青春身世，我依然相信自己對部落的眷愛，未曾消失。

玉峰村生活當年，適值寒霜冷冽的冬末初春，春雨紛至沓來，繼而長長的梅雨季節接續，由村落通往前山那羅部落的唯一山路，原已寸步難行，加上春雨連綿，山崖崩塌，根本無法行路，急著下山返家的某位老師突發奇招，邀約大家從玉峰村沿玉峰溪，走上林班道路，跨越宇抬、石磊、泰平，從「隔壁鄉」桃園復興下山，轉回新竹。

隔壁鄉？誇口簡單，那是一條多麼漫長的分歧路，難題當前，吉凶未卜，怎能不令人操心？

我完全沒有常識去理解跋山涉水的技術問題，兩年部落生涯，人在那裡工作，雖然積累不少在城市無法體會的生活經驗，相對翻山越嶺這種事還是感到惶恐，相信我，我肯定不是個好樵夫，也不會是個勇猛果敢的男人，更不可能是不說出來也可以心有靈犀才稱得上愛山的那種人。

幾經思慮，終究被盲目的正義感沖昏頭，以為年輕必定舉世無匹，既然眼下僅剩這條唯一的返鄉路，便興匆匆應允跟隨四位老師，在拂曉剛剛澄澈，天際還懸掛不少顆晨星的玉峰村，沿玉峰溪的碎石小路，磨磨蹭蹭徒步走過石磊、泰平，進入桃園縣境的砂崙仔、武道能敢、爺亨、巴陵。

大漢溪啊！我不是鐵錚錚的硬漢，不勝體力的苦悶，黯然行進在谿水縱橫，山崖絕險的水路山徑，我如何讓這種古早人看來微不足道的事，實踐成真？

山路無邊，自走一邊。一路走來，山陰山陽十分險峻，心臟忐忑跳動的聲音好比大漢溪時而澎拜的流水聲，汗流浹背腿癱軟，了無生氣的拚命叫苦連天，到頭來見山仍是山，見水還是水，怎麼也不能好好面對沿途山景水色的風光，整個人彷彿走骨行屍，徒具形骸，像極了生命瑕疵品。

燃燒吧，唯有淚水和汗水才是男人的浪漫，如果我的心專注坦率，腳程自然躍動起來。人生的法則不就是別猶豫，別停下腳步，這樣才能放眼世界！也好返回新竹後，有足夠情節告訴家人，大漢溪多麼壯闊，我邁步從源頭尖石鄉走到大溪，因為相信自己而達成任務。

從玉峰村翻越幾座高山到復興，這一天，這一次的大漢溪紀行，我背負青春的生命而存在，結局仿若勵志電影，我和四位老師終於踩踏蹣跚步履，走過蘇樂、高義、榮華，霞雲坪，到了角板山下，鄰近大溪的三民，再搭乘客運車轉進桃園車站乘坐火車返回新竹時，已是繁星滿天，列宿成行的昏暗夜色了。

回頭一想，當行走到羅浮部落，黃昏漸沉的天空，星星在山頂不停閃爍，山道旁大漢溪的流水潺潺，盈盈一水間，豁然見到天邊不被束縛的流星，如雨成串的飛奔到義興吊橋那頭。

漫漫灼灼的部落生涯，起初與兩腳共伴越過千山萬水見到的流星，如今偏巧成為我再度行吟大漢溪，一場魂牽夢縈的眷念。

（本文原載二〇一八年六月十三日《自由時報》副刊）

〔本　紀〕006
〔源頭紀〕022
〔流域紀〕042

隔壁鄉，流星絆

回頭，探勘大漢溪本源
泰雅族的聖山大霸尖山
大嵙崁溪源頭品田山
主流，塔克金溪又稱泰崗溪
主流，薩克亞金溪又稱白石溪
主流，馬里科灣溪又稱玉峰溪
泰雅族沿大嵙崁溪流域遷徙
大嵙崁溪桃園復興段泰雅族聚落

舊名大嵙崁溪的大漢溪
舊名大嵙崁溪
大漢溪起點
大漢溪流域地形生態
高山部落流域
石門峽谷流域
河階平地流域

匯入盆地流域
大漢溪桃園段主要支流
復興區／龍潭區／大溪區
大漢溪桃園至板橋主要橋梁

〔襲奪紀〕076

滄流大漢溪物語
被古新店溪襲奪的古大漢溪
清軍襲奪樟腦的「大嵙崁事件」
日軍襲奪治權的「焚燒大嵙崁」
日軍襲奪高地的「枕頭山之役」
理番襲奪土地的「大豹社事件」
被政治襲奪生命，「還我土地運動先驅」樂信・瓦旦

〔水庫紀〕110

桃園大圳與石門水庫
桃園大圳建造緣起
桃園大圳和八田與一
大漢溪中游石門水庫

石門水庫地形、地質與水文
石門水庫水景色

〔治水紀〕132

憂傷大漢溪的悲歌
攔砂壩未死，河道先枯竭？
消失的泰雅族卡拉社
大漢溪在嗚咽

〔地景紀〕150

大漢溪流域‧復興風光
清奇傑特的角板山風光
爺亨部落多梯田
爺亨溫泉又稱軍官溫泉
上巴陵一派青色山脈
中巴陵櫻木花道
巴陵古道生態園區
巴陵橋見證玉峰溪與三光溪匯流大漢溪
巴陵一、二號隧道的泰雅文化走廊

壯麗絕美的巴陵大橋
崩塌的巴陵攔砂壩
臺灣僅有的四座拱壩之一榮華大壩
自然保留區插天山之歌
水岸綠廊小烏來天空步道
永恆獵場的義興吊橋
羅浮溫泉一條街
樂信・瓦旦紀念公園
前身稱為拉號橋的復興橋
螺栓式上承鋼拱橋的羅浮橋
星光燦爛的基國派老教堂
三民蝙蝠洞滴落泉水
六〇年代文青的角板山公園
臺灣最長懸索橋「新溪口吊橋」
溪口臺地賞大漢溪急轉彎

〔地景紀〕196
大漢溪流域．龍潭丰采
桃源仙谷花田多草本植物
龍潭陂上魯冰花
畢業旅行到石門水庫
佳安十一份美國工程師宿舍群
打鐵坑溪流過大平紅橋
龍潭第一街三坑子老街
三坑自然生態公園看大壩
文學的桃園客家文化館
三面環山的龍潭大池是天然埤潭
龍潭大池雨賢樓
鍾肇政文學生活園區
大北坑魯冰花園區
〔地景紀〕224
大漢溪流域．大溪風華
大溪水月帆影歸

大漢溪源頭品田山

源頭紀

回頭，探勘大漢溪本源

大漢溪源自新竹尖石鄉大霸尖山與品田山下的塔克金溪、薩克亞金溪、馬里科灣溪。

河川是大地的命脈，環繞或貫穿城鄉，讓住民綿延生命；親近大河，不只愛，還有了解，才不致出現妄想；流水告訴人們，世界遠比河流寬闊得多。

泰雅族的聖山大霸尖山

讓臺北人笑傲風月的淡水河，本源來自舊名大嵙崁溪（Lyung Gogan泰雅語）的大漢溪，而大漢溪起源新竹尖石鄉大霸尖山與品田山下的塔克金溪、薩克亞金溪、馬里科灣溪。

大漢溪由桃園復興區三光里起始，全長一三五公里，流域面積一一六三平方公里，途經角板山、龍潭、大溪、新北市，平均坡度一：三七，河床陡坡險峻，水力蘊藏豐富。

溪流源頭的尖石鄉，獨占新竹縣境三分之一最大面積，盤踞番界嶺線之南，東南奧區屬玉山山脈雪山彙山系，有大霸尖山、品田山、桃山、金孩兒山等峻峭高山；地理位置在新竹縣東南方，東與桃園復興區、宜蘭大同鄉為

▲ 大漢溪源頭大霸尖山

▲ 玉峰村司馬庫斯

▲ 大漢溪源頭大霸尖山

鄰，西接五峰桃山村、竹林村，南鄰苗栗泰安鄉及臺中和平區，北銜橫山內灣、關西錦山里，全鄉重巒疊嶂，為泰雅族原住民世代居所。

尖石、復興兩地歷史淵源深厚，人文依存精深。一九四八年，原本隸屬桃園領域的玉峰村劃歸尖石鄉，成為尖石東南角最大村落。

矗立尖石鄉最南端，標高三四九二公尺，屬新竹縣最高峰的大霸尖山，臺灣百岳排列第廿八名，泰雅族稱「巴克巴克窪」；「巴克巴克」是泰雅語「耳朵」之意，「窪」是「岩」之意，又稱「耳岩山」。

傳說大霸尖山在太古時代，某日遭逢天災地變，礫岩震裂，裂口處驟然降生男女兩兄妹，十分神奇。這一對兄妹自力更生長大成人後，結為夫妻，生育子女，繁衍後代，形成現今泰雅族。

遠古以來，桃竹苗的泰雅人，尊崇耳岩山為聖域，敬重大霸尖山是族人祖山，泰雅族的發祥地。

除了「耳岩山」稱號，大霸尖山因頂峰狹窄，往下加寬，酷似古代熬酒桶，又稱「熬酒桶山」；若從遠處眺望，但見顛峰巍巍聳立，因此又有稱「沖天木」；百年來，新竹縣官府咸認這座大山是特景山，取名「太祖山」，後人簡稱「大霸尖」。

單單一座山，竟能讓各方賦予眾多名目，足見大霸尖山在泰雅族人心目中崇高的地位。

流傳不少奇聞軼事的大霸尖山，最危險的絕巔峻崖處，高一五二公尺。一九五七年五月卅一日，新竹縣志評選大霸尖山為「新竹縣特景」，命名「大霸靈峰」，向來即是登山客口中的奇山，奇山者，意指大霸尖山山巔岩峭，三面大斷崖，高踞雲霄，人跡罕至，難以攀登；據稱，一九二七年始有登山客，一位居住臺灣的日本學生瀨古喜三郎攀登山峰，號稱首位登頂大霸尖山的紀錄締造者。

▲ 大漢溪源流玉峰溪

▲ 品田山綿延的青色山脈

大嵙崁溪源頭品田山

緊鄰大霸尖山的品田山，地屬雪霸國家公園，標高三五二四公尺，百岳名山的「十峻」之一，武陵四秀之首，臺灣百岳排列第二十四名。品田山東西狹長，南北狹窄，臨深谷，南面為岩脈縐褶，北側斷崖下，是塔克金溪發源地，也即大嵙崁溪、淡水河水系的最高源流。

泰雅語稱品田山Babo Pochin Srion，意為最後的水池；或稱Babo Taragayun，意為品田山與池有山之間的水池草原；又稱Yaboran Simuta，意為鹿群棲息處；其中，最大水池稱Srion Simuta，意為群鹿之池，今稱新達池。

▲ 原名塔克金溪的泰崗溪

品田山因周邊小池繁多，日治時期稱「品田」；品田山前的品田池，稱Siron Yaboran。

天候晴朗之際，從品田山稜線北邊可清楚眺望桃園都會、東瞰蘭陽平原及龜山島，攀登山頂甚至可眺望玉山，遠至高雄關山，是一座視野遼闊的名山。

主流，塔克金溪又稱泰崗溪

起源大霸尖山東麓標高二五三〇公尺處，品田山北側標高三一〇〇公尺處的塔克金溪，後段稱泰崗溪，北流連結群山溪水，繞行金孩兒山之東，稱他給仁溪；另一條則從大霸尖山北麓繞行金孩兒

▲ 秀巒村新光鎮西堡教堂

▲ 原名薩克亞金溪的白石溪

▲ 錦路、養老的入口在塔克金溪畔

山西邊，稱大也干溪，溪水先向東北湍流，隨後折向西北，經臺灣最深僻的原住民部落司馬庫斯、鎮西堡、新光，在秀巒控溪吊橋附近與薩克亞金溪會合，改稱馬里科灣溪，又名玉峰溪，再往北流，後轉東流，至桃園復興區下巴陵與三光溪匯流，形成舊名大嵙崁溪的大漢溪。

泰崗溪沿途流經被

稱「上帝的部落，泰雅的故鄉」的司馬庫斯（Smangus）、被解說為「清晨熟睡中陽光已照亮大地，整天日曬不絕，直到黃昏；白晝溫暖夜晚寒冷，使病蟲絕跡，作物生長良好的美麗土地」的鎮西堡（Cinsbu）、新光和擁有野溪溫泉，舊名控溪的秀巒等泰雅部落。

主流，薩克亞金溪又稱白石溪

源自大霸尖山的薩克亞金溪，又名白石溪，流至秀巒村，與源自品田山的塔克金溪在秀巒村控溪吊橋一帶匯流，成為又名玉峰溪的馬里科灣溪，經玉峰、石磊，川流至桃園三光、巴陵。

▲ 泰崗溪

▲ 白石溪

▲ 原名馬里科灣溪的玉峰溪

薩克亞金溪下游的秀巒村養老登山口有霞喀羅古道，係沿日治時期闢建的霞喀羅警備道路與薩克亞金警備道路相銜而設，可連接位於五峰鄉境內霞喀羅溪流域的十八兒部落，全長六〇公里。

薩克亞金溪沿途經由司馬庫斯、鎮西堡、新光、栗園、養老、秀巒、錦路、泰崗等部落。

主流，馬里科灣溪又稱玉峰溪

馬里科灣溪，泰雅語稱Mrqwang，意為「水源地」，又名玉峰溪，起自秀巒村塔克金溪、薩克亞金溪匯流處，終於新竹尖石鄉石磊部落，後改稱大漢溪。

馬里科灣溪沿途包括田埔、玉峰、宇老、宇抬、下文光、馬美、李埔、馬石、石磊、平淪文、抬耀、泰平等部落，上有李崠山古戰場。

大漢溪起自石磊溪與玉峰溪匯流處的抬耀部落，間

▲ 玉峰村李崠山

▲ 玉峰溪

或銜接抬耀溪、泰平溪，至桃園復興區三光里爺亨部落、下巴陵一帶，與源自宜蘭大同鄉的三光溪匯流成大漢溪主流，川流復興、龍潭、大溪，再經新北鶯歌、三峽貫穿三重、新莊、土城、板橋、臺北萬華，匯流新店溪，改稱淡水河，流過臺北盆地，直達淡水出海。

泰雅族沿大嵙崁溪流域遷徙

大漢溪流域，由下溯上是泰雅族Msbtunux、Gogan、Marqwang、Mknazi

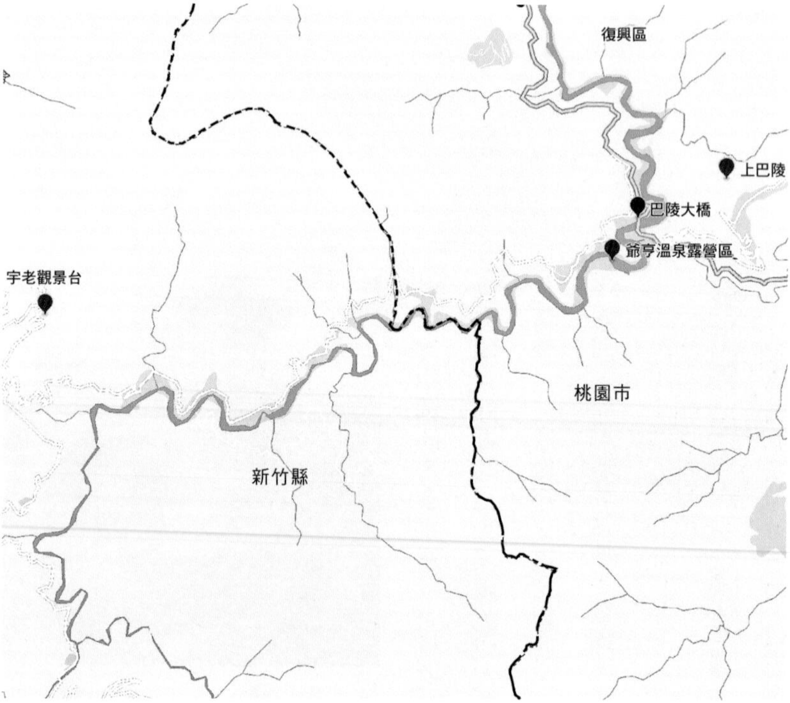

▲ 泰雅族沿大嵙崁溪流域遷徙

四個社群的傳統領域，社群內又有多個部落。

依日治時期日本學者鹿野忠雄等人調查，約在四百年前，原居住於現今南投縣仁愛鄉發祥村瑞岩部落（Pinsbkan泰雅語「裂開」之意）一帶的泰雅族先祖Buta' Krahu'，因人口繁衍、耕地不足，遂帶領族人向北遷徙，從南投翻越群山抵達大霸尖山，趕走斯卡馬雲人（Skhmayun），到塔克金溪與薩克亞金溪流域居住。

Buta' Krahu'占有大霸尖山以北區域，並和幼子定居鎮西堡，長子遷泰崗，二子遷薩克亞金，三子遷塔克

▲ 泰雅族祖山，大小霸尖山。

金，四子翻越霞喀羅大山遷徙到西邊霞喀羅溪流域，成為霞喀羅群四社的共同祖先（現今五峰鄉木喀拉卡社、天同社、羅卡火社、野馬敢社）。

Buta' Krahu'與四個兒子世居塔克金溪與薩克亞金溪兩岸，迄於兩溪匯流點秀巒、田埔一帶，也即雪山山脈北稜，大霸尖山向北延伸的支脈兩側，成為後來的基納吉群。

又有一說，世居大霸尖山的泰雅族先祖，為讓後代子孫擁有更理想的獵場，以及可耕作的沃土良田，便於綿延種族，遂由族長帶領子民從大霸尖山沿塔克金溪北上，行經舊稱大嵙崁溪流域的司馬庫斯、秀巒，來到玉峰，長老對子民說：「我要在這裡樹立工寮的標誌。」後又順溪而下來到三光一帶，兩溪匯流的巴陵，說道：「我要在這裡尋找可居住的地方，以

▲ 塔克金溪吊橋

便繁衍子孫。」

之後，族長又帶領族人沿大嵙崁溪，到雪霧鬧河川匯流處，說道：「我要從這裡沿支流尋找可居住的地方。」不久，又到高坡河川匯流處，族人說道：「我們一起從這裡沿支流而上到高坡。」

相隔一段時日，族人又跟長老往下游到義興河川匯流處，族長說：「我要到義興尋找可以居住的地方。」後來，族人繼續沿溪而下，來到霞雲河川匯流處，長老說道：「從這裡開始到霞雲一帶的溪流，我要在這裡種植將來可以作為屋宇梁柱的杉木，以便後代子孫在這裡長久生活。」

隔不久，又有其他族人來到奎輝一帶的河

川匯流處，見到美麗山河，說道：「我們要從這裡沿支流而上，直到嘎色鬧的水源地，尋找可供後代居住的好所在。」另有一群族人來到高遶溪河匯流處，說道：「我要在這裡建造工寮，從這裡一直到水源地。」

從此，往北部方向尋找可耕地的泰雅族人，不約而同在大嵙崁溪沿岸，水源豐沛與森林茂密的地方，建立自己的聚落，司馬庫斯、新光、秀巒、田埔、玉峰、石磊、三光、爺亨、巴陵、蘇樂、高義、雪霧鬧、高坡、義興、羅浮、霞雲、奎輝、高遶，形成泰雅族人逐水草而居的生活型態，從而使舊名大嵙崁溪的大漢溪上游，成為臺灣北部泰雅族人最具象徵意義的「母親的河」。

泰雅族原意叫「真人」或「勇敢的人」，屬南島語族一支，臺灣第三大原住民族群。其中，散居塔克金溪、馬里科灣溪沿岸的泰雅族稱馬里科灣亞群（Malikoan），包括馬里科灣群（Mrqwan）；散居大嵙崁溪沿岸的泰雅族稱馬卡納奇亞群（Makanaji）、馬列巴亞群（Malepa）。總稱賽考列克群（Sekoleq）。

▲ 泰雅族哈盆社族人

▲ 泰雅族奎輝社族人

▲ 泰雅家族

大嵙崁溪桃園復興段泰雅族聚落

大漢溪上游主要流域的桃園復興區，東銜新北烏來區、西接新竹尖石鄉、南鄰宜蘭大同鄉、北近桃園大溪區，地形狹長，四面環山，坡地落差大，為泰雅族世代居所，全區共分三民里、澤仁里、霞雲里、義盛里、羅浮里、奎輝里、長興里、高義里、三光里、華陵里等十個里，聚落繁多，分散各處，大都分布北橫公路兩側、拉拉山與角板山叢林中。

復興區主要聚落及其泰

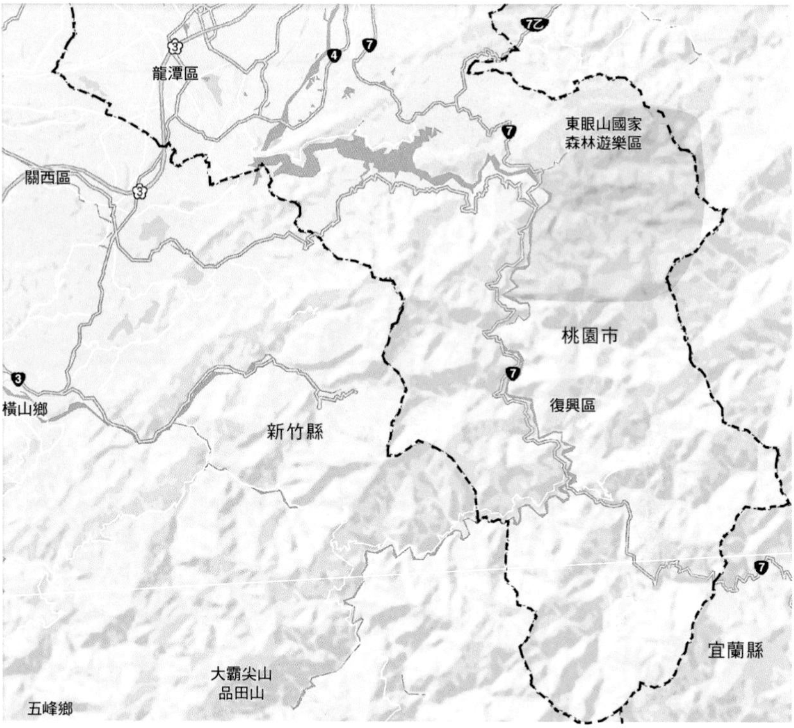

▲ 大嵙崁溪桃園復興段泰雅族聚落分布區域

雅語地名的稱呼如下：嘎拉賀部落（Qrahu）、比亞外部落（Piyaway）、比雅山（角板山）部落（Pyasan）、霞雲坪部落（Hbun）、溪口臺部落（Rahaw(Takan)）、水流東部落（Kzyay）、基國派部落（Luhung）、新村部落（Kayu-baliq）、優霞雲部落（Yuwhbunraka）、志繼部落（Sqiy）、庫志部落（Qus）、羅浮部落（Kinyawpan）、合流部落（Hbun-sinqumi）、斷匯部落（Rangay）、高坡部落（Kawbu'）、大彎

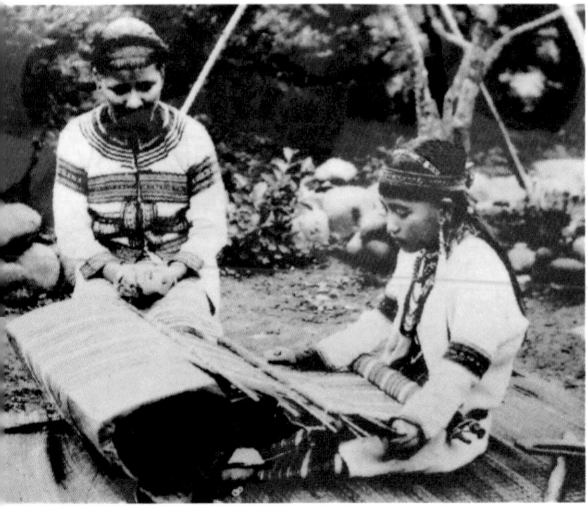

▲ 泰雅婦人織布

▲ 泰雅族瞭望臺

部落（Khpan）、竹頭角部落（Snazi）、上高遶部落（Qoyaw）、雪霧鬧部落（Sbunaw）、中高義部落（Uruw）、武道能敢部落（Twan nokan）、砂崙子部落（Saruc）、中巴陵部落（Balung）、哈嘎灣部落（Tqwiy）、鐵立庫部落（Tgleq）、爺亨部落（Zihing）、上宇內部落（Yubang）、義興部落（Zihing）、大利幹部落（Triqan）、大窩部落（Tuba）、卡外部落（Kayway）、佳志部落（Cyasi）、金暖部落（Kin'Iwan）、下奎輝部落（Qmocyan）、中奎輝部落（Babau）、上奎輝部落（Qnau）、內奎輝部落（Qehuy）、嘎色鬧部落（Ksunu'）、後光華部落（Ngurus）、卡拉部落（Qara）、詩朗部落（Wsilung）、楓香部落（Raga'）、下宇內（小烏來）部落（Rahu'）、卡普部落（Qapu'）。

復興區大漢溪流域

流域紀

舊名大嵙崁溪的大漢溪

大漢溪自下巴陵一路奔流到大溪，兩岸所延攬、吸納的支流繁多，不違多讓的雕琢出不少山水奇景。

舊名大嵙崁溪

大漢溪最早稱「大姑陷」（Takoham），得名自今日桃園大溪的舊稱，源於平埔族霄裡社人稱這條大河為「大水」之意，後因官方認為「陷」字不吉祥，乃依月眉位於「河崁」之地的天然地勢，將「大姑陷」改稱「大姑崁」。

清同治四年（一八六五）為慶賀月眉名人李騰芳中舉，遂將大溪改稱「大科崁」，其後，巡撫劉銘傳又將「大科崁」改名「大嵙崁」，大姑崁一併易名大嵙崁溪。

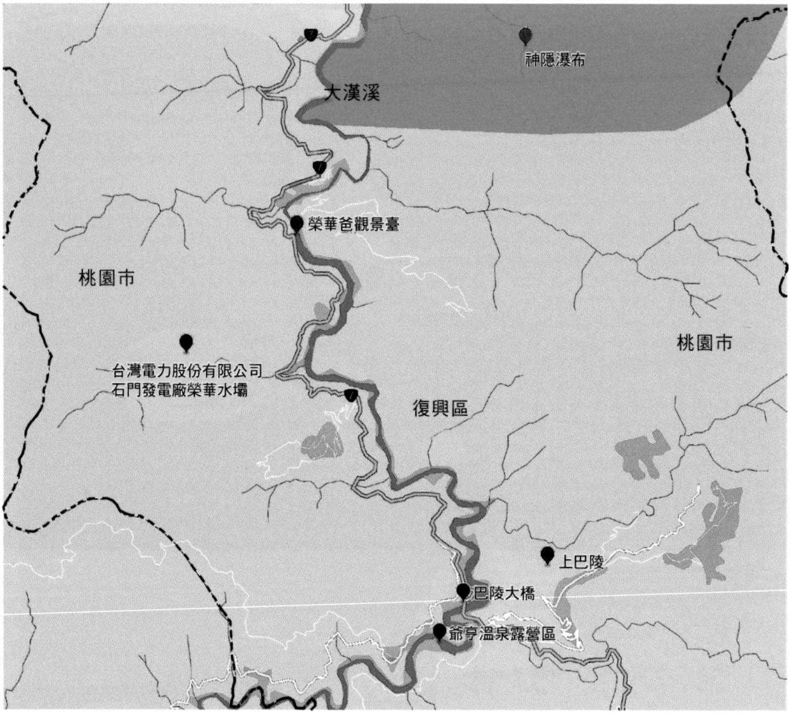

▲ 舊名大嵙崁溪的大漢溪上游流域圖

▼ 大漢溪中游流域圖

▲ 復興區大漢溪流域

▲ 大溪區大漢溪流域

日治大正九年（一九二〇）十月一日，大嵙崁更名大溪街，翌年五月廿七日，復將大嵙崁溪改名淡水河，即上下游名稱統一。但民間沿襲日常習慣，依舊稱大嵙崁港，係因河洛人慣於將「溪」和「港」二字並用，如：縱貫線鐵路橋仍稱「第一大嵙崁溪橋」、「第二大嵙崁溪橋」足見一斑。

直到一九六六年十二月七日，行政院准予臺灣省政府更名大嵙崁溪為大漢溪，翌年三月十六日正式公告並要求各縣市政府訂正河川圖籍，「大漢溪」之名自此取代「大嵙崁溪」。

大漢溪起點

如今，地理位置上的大漢溪起自馬里科灣溪與三光溪匯流處的桃園復興區三光里。馬里科灣溪發源新竹尖石鄉大霸尖山、品田山；三光溪發源桃

▲ 大漢溪起點復興區三光里爺亨部落

▲ 三光里爺亨部落

▲ 爺亨部落的玉峰溪流域

▲ 爺亨部落三光溪

園復興區、宜蘭大同鄉交界的唐穗山東側。溪水向北流至明池附近，再朝西入復興區，匯集南邊發源西丘斯山的支流塔曼溪，匯入西北流至下巴陵，與馬里科灣溪匯流，成為大漢溪起點。總集水面積約一〇七一七·一二公頃。

三光溪谷是桃園通往宜蘭的重要通道，北部橫貫公路沿本段鋪設。

三光里，位於復興區西南，人口約六〇〇餘人。西以泰平溪、抬耀溪與尖石玉峰村為界，北以李崠山東南山脊與高義里相鄰，東、南以低陸山東南山脊、大漢溪與華陵里相隔。主要居民屬泰雅族大嵙崁後山群爺亨社與武道能敢社。

位於三光里，抬耀溪口南岸，三光東南方的爺亨部落，地處爺亨溪匯入大漢溪的河口，擁有僅次於角板山的第二大臺地，海拔六四〇至七四〇公尺，這一塊沖積扇土地被開墾成梯田，種植時令蔬果。

爺亨部落位居三光里東南，高山圍峙，上午不易被陽光照射，所以取名爺亨，泰雅語喻「上午陽光照不到的地方」。又有一說，指溪邊臺地之意；另有一說，該地多水蛭，所以地名由Wihing的諧音轉成Gihing。

儘管爺亨部落腹地寬闊，並非農耕

▼ 玉峰溪與三光溪在巴陵匯流成大漢溪

▼ 爺亨部落的三光溪流到巴陵

▲ 上巴陵看大漢溪起點

作物成長的好所在，加上溪流含有高濃度礦物質，居民飲水必須從遠方山頭接引，日常生活不易，以致無法形成人口聚集的大型部落。

鄰近三光的華陵里，位於復興區南方，東以達觀山、塔曼山與烏來福山里接壤，西以原稱泰矢生山，海拔二四四四公尺，桃園最高峰的雪白山與新竹尖石玉峰村為界，南以北橫第一高山巴博庫魯山與宜蘭大同茂安村、泰平村相隔，北以低陸山東南山脊、拉拉溪與三光、高義二里相鄰，人口約一千四百人，屬泰雅族大嵙崁後山群武道能敢社與巴陵社。

三光里和華陵里同為大漢溪上游起

點，兩個高海拔的聚落，地勢陡峻，河谷深邃，流域侵蝕作用旺盛，形成高山懸崖、峽谷、瀑布、曲流、河階、臺地、壺穴等地形。

大漢溪流域地形生態

高山部落流域

下巴陵一帶屬大漢溪上游，河道受地質結構影響，呈格子狀，平行於地層走向者構成縱谷，垂直於地層走向者構成橫谷。從巴陵向東南沿北橫公路直到稜線，屬三光溪的溪谷。三光溪發源宜蘭梵梵山北坡明池附近，河床淺而寬，谷中有湖泊，高山呈現緩起伏面。

▲ 雪霧鬧部落

▲ 高義村

▲ 榮華隧道

▲ 大漢溪榮華段

▲ 大漢溪義興段

三光溪流到巴陵的河谷形成峽谷狀，主流玉峰溪以東到巴陵段，河床被沖刷成砂頁岩疊層，抗水侵蝕力差，導致河谷寬大，形成階地。三光里即坐落三層階地的聚落。

大漢溪自上游匯納兩側溪水支流，一路迴山滾石，雕鑿岩壁，尤其，自下巴陵匯集點，巴陵橋畔的河岸開始，岩層堅硬無比，溪流左彎右拐，跨越幅度寬闊，營造出大迴旋的狀態，水流急奔而下，立地千百年的山嘴，被河水侵蝕，形成頭頸大小不一的曲流，匆匆迴環轉折，向北飛馳，形成諸多瑰麗的山水景觀。

巴陵底下的蘇樂河階，是由河流凸岸沖積的半圓形、長條狀河階，大約位於北橫公路四十四公里處，可清楚觀看流水左右拐彎，與山壁撞擊造就的掘鑿曲流。

從巴陵到石門壩址，屬大漢溪上中游，地形特徵為峽谷和河階，巴陵以下，大漢溪向北依序流經蘇樂、高義、匹亞外、榮華、高坡、義興、合流；流

▲ 大漢溪宇內段

▲ 大漢溪義興段

向與地層走向斜交，特別是在蘇樂到高坡之間，大漢溪橫切插天山背斜構造，在岩層限制下，水道顯現狹窄，造成深切山谷，山谷延伸到榮華一帶插天山背斜，又遇堅硬聳立河岸的砂頁岩互層，水流夜以繼日雕鑿，至終琢出鬼斧神工的高坡峽谷。

尤其匹亞外到榮華攔砂壩之間，大漢溪橫切插天山背斜軸部，河谷更具峽谷特徵。

屬於大桶山層的插天山背斜，在榮華露出背斜軸，是由黑厚的頁岩夾著單薄砂岩組成。

巴陵到蘇樂之間，以及高坡到羅浮之

▲ 大漢溪宇內段

▲ 大漢溪宇內段

▲ 大漢溪溪口段

▲ 大漢溪羅浮段

▲ 大漢溪溪口段

▲ 大漢溪羅浮段

間，露出的地層是由砂、頁岩互層構成，使大漢溪在這兩段河谷，呈現不穩定的邊坡，河谷變得比較寬闊，同時出現河階。

這條滋養北部地區數以百萬人飲水生計的溪水，流至羅浮，在凸岸堆積出一層層河階，直到義興、霞雲坪、角板山、溪口臺、竹頭角附近，直到石門水庫，河谷才越加寬敞，促使這裡的河階地發達，各有兩階至五階不等，河階平整、寬闊，與角板山復興公園河段兩相呼應。

溪水流到復興公園一帶，河

▲ 石門水庫引大漢溪注入

▲ 大漢溪高遶段

▲ 石門水庫大壩

川凸岸形成一座三階、半圓形的劇場式河階，溪水以圓弧狀緩緩流過。這裡即是著名的溪口臺地。

石門峽谷流域

大漢溪流到石門以銳角轉彎，從西向改為東北向川流，流域屬大漢溪中游。石門水庫建造前，這裡曾是卡拉社族人祖居地，後遭遷村移居觀音大潭村等地。

石門以西和以北地區，過去是古石門沖積扇分布區。地質學家考據，約在六萬年前，臺北附近地殼變動，古新店溪的沖積扇被溪水高高舉升，成為林口臺地，東側地塊陷落成湖盆，由於地殼變動，促使古石門沖積扇逐漸隆起。

相對古大漢溪受制新的地形形勢，以及新莊斷層的構造控制，大漢溪主流由西向北，受阻於隆起的林口臺地，無法流入臺北盆地，主因在於，古大漢溪在溪水被舉升的古沖積扇上不斷擺盪、下切，造就寬闊的切割

▲ 鳥瞰石門水庫（照片／水利署官網）

▲ 石門水庫洩洪

面，形成桃園臺地。

地質學家又稱，距今二萬五千年前，古新店溪發生支流向源侵蝕，襲奪古大漢溪，最後流入當代臺北湖，侵蝕基準大幅下移，引發急速下切，從石門到鶯歌一帶，河岸出現大量河階，地質學家稱「大溪河階群」，這一次的急速下切是造成大漢溪一帶河階形成的主因。

拜溪河襲奪影響、臺北盆地下陷，大漢溪產生回春效應，出了石門峽谷與石門水庫後，流經龍潭，貫穿大溪，在兩地造成更為發達的河階地，並於溪河兩岸形成三階與河流平行且對稱的直行河階，溪水沖積出大片臺地，促使河東地區的第二階成就為早期舟楫盛行時，人文薈萃的大溪聚落。

▲ 大漢溪龍潭段

▲ 大漢溪大溪段

▲ 舊大溪碼頭所在地

河階平地流域

源自大漢溪流域形成的大溪河階群，為一河階地形，位於大溪，範圍以大溪為中心，南至石門，北至鶯歌、三峽，為大漢溪河道在不同時期多次下切所造成。

從地形而言，大溪河階至少歷經四次河道變動，產生四個不同高度的河階地，最低一層比大漢溪河床高出約四〇公尺，最高階地比河床高出約二〇〇公尺以上，即「古石門沖積扇」扇面。

▲ 大漢溪大溪段

▲ 舊大溪碼頭石板路

最高階：大約為大溪廣播電臺所在的高度。

第二階：面積較小，位於大溪聚落南側的「上田心子」一帶，不易觀察。

第三階：面積最大，省道臺三線所在地，也是人口密集的河階面。

第四階：位於第三階下方，為農作物栽種區，以「月眉階地」代表，有二級古蹟李騰芳古宅。最低階位於現今河道兩側。

大溪河階群之中，面積較大、較明顯的河階臺地稱「坪」，如：阿姆坪、大溪坪、大灣坪。最高一階就是以地名「三層」相稱的地區，次一階稱「二層仔」，最低一階是「月眉」。位於上下階中間的第二層，既沒上層蜿蜒山區的不便交通，也沒下層窪地的水患之虞，適合開發與居住，因此成為發展最早，也是繁華所在的大溪市街中心。

大溪自清乾隆年間，即有漢人陸續遷居於此，形成原民、漳、泉、客家等族群匯聚。拜大漢溪充沛水源之賜，舟楫航行便利，大溪望族李金興以此往返艋舺、滬尾之間，經營大溪盛產的樟腦、茶葉、木材。清同治四年（一八六五），族人李騰芳高中舉人，李氏家族門風更盛。

道光時期，新莊林本源家族為避漳、泉械鬥，舉家溯大漢溪而上，避居大溪，在此興建大宅「通議第」護衛家園，開鑿埤圳發展農業，成為大租戶，並用大漢溪河運，做起米、鹽、木材運輸生意。

隨李金興、林本源兩大家族開拓事業版圖，以及劉銘傳的山地開發，當時的大溪便以「大嵙崁」之名成為臺灣最深內陸

▼ 大漢溪大溪段攔砂壩

▲ 大漢溪大溪段尾端

的河港，在大漢溪流域史占重要地位。

清光緒十八年（一八九二）伊始，大溪進入航運全盛期，發達的大漢溪航運載運物資，使大量製腦、製茶、木藝、採煤及運輸業湧入大溪，舟楫從淡水經大稻埕、艋舺、新莊、鶯歌抵達大溪，英國人、西班牙人、華僑及巨賈外商競相在此開設洋行，大小計三、四百家，其中以和平、中央、中山路為最，繁華盛況，可媲美大稻埕、艋舺。

然，好景不常，這個與溪河共生共榮的城鎮，在大漢溪泥砂淤塞、不利船行，失去航運功能後，逐漸沉寂為尋常小鎮。其河運歷史傳承的文化資產，賦予大溪與眾不同的特色，現代人可從面臨大漢溪的和平路，見到大量仿巴洛克風格而造的建築，以及通往昔日碼頭的石板路，見證當年大溪商業鼎盛、萬商雲集的手采，這些歷史陳跡都構成大溪特殊的聚落風貌，及其城鎮發展的淵源。

匯入盆地流域

之後，大漢溪從大溪注入新北市三峽的三角湧，因地勢低平，河面加寬，形成網狀河道。三峽溪與橫溪各自注入大漢溪分流河道，三峽溪於劉厝埔匯入分流，為橫溪匯注點的上游約八百公尺處。其後，因河道砂石堆積，河床日漸升高，導致分流消退，原本匯注處的大漢溪分流河道，為三峽溪河

▲ 大漢溪注入新北三峽鶯歌段

▲ 大漢溪三峽段

▲ 大漢溪鶯歌段

▲ 新店溪

道的延伸，造就今日三峽溪吸納橫溪之勢，成為三峽和鶯歌大面積的富庶土壤，所堆疊的人文與藝術成就；如：重修三峽祖師廟的李梅樹及其建築美學，以及鶯歌尖山盛產的黏土，促進臺灣陶瓷製造業的引領地位。

換言之，大漢溪川流大溪後，在新北市鶯歌二甲九、三峽鳶山麓分為二條支流：一條流至二甲九，鶯歌南靖厝，再入臺北盆地柑園、山子腳、三塊厝、沛舍陂、板橋下溪州；另一條流經三峽納入三峽溪、橫溪之後直衝臺北盆地。

清代稱二甲九到擺接（今板橋區擺接堡）這一段為擺接溪。

大漢溪流到樹林、土城後，再分兩支，一條經員林子、湳子到板橋，稱員林子溝，或稱湳子溝；另一條經土城堀到板橋下溪州，復與二甲九、沛舍陂的支流匯合，流經沙崙、臼子林，在番子園四股尾與湳子溝匯合，經新莊、三重，於板橋江子翠匯聚新店溪，注入臺北盆地，稱淡水河。

狹義來說，淡水河是指大漢溪與新店溪於三重、萬華和板橋匯流至淡水出海口的河段，名列臺灣第三大河川，更是北部地區主要集水、供水河流之一，有稱，大漢溪中上游有石門水庫、新店溪支流北勢溪有翡翠水庫、基隆河流域有新山水庫，主要供應民生暨農業灌溉用水。

大漢溪桃園段主要支流

大漢溪自下巴陵一路奔流，兩岸所延攬、吸納的支流繁多，不遑多讓的雕琢出不少山水奇景。

▲ 三峽祖師廟

▲ 鶯歌陶瓷博物館

▲ 新店溪出口

▲ 大漢溪在三重、板橋和新店溪匯流成淡水河

▲ 淡水河流域

三光溪大漢橋旁塔曼溪畔陡峭的砂岩壁、嘎拉賀溫泉瀑布、巴陵自然生態園區、爺亨聚落的爺亨沖積扇梯田、爺亨溫泉、拉拉山、高坡瀑布、彩虹瀑布，義興吊橋、羅浮溫泉、插天山、東眼山、角板山、溪口臺地等景觀，以及河流中人造的巴陵攔砂壩、榮華大壩和石門水庫，都是吸引遊客佇足的地景。其中，小烏來遊樂區宇內溪的懸谷瀑布，在逆斜岩層助長下，氣勢磅礡，更是旅遊勝地。

復興區

◎**抬耀溪**。源自復興區與尖石鄉交界，流經復華部落的幽靈瀑布後，注

▲ 大漢溪支流三光溪

入大漢溪。

◎泰平溪。玉峰溪支流，流經三光里，三光里西以泰平溪、抬耀溪與玉峰村為界，北以李崠山東南山脊與高義里相鄰，東、南以低陸山東南山脊、大漢溪與華陵里相隔。

◎三光溪。源自復興區、宜蘭大同鄉交界的唐穗山東側，大漢溪源頭的另一主要支流。

◎塔曼溪。源自拉拉山，經華陵里、北橫公路的大曼後注入三光溪，匯流至大漢溪。

◎嘎拉賀野溪。源自嘎拉賀部落，鄰近三光溪，一座流水由山頂流下的瀑布，溫泉自山壁流出，冷熱交錯，名列北部最大溫泉，全臺最佳的露天三溫暖瀑布。

◎卡拉溪。又稱拉拉溪，源自拉拉山，經

▲ 大漢溪支流宇內溪

拉拉山森林遊樂區、卡拉、上巴陵，注入大漢溪。

◎寶里苦溪。寶里苦為防列區的日語發音，源自尖石鄉李崠山，位於防列區山下，溪上有座高義橋，形成瀑布，再流經北橫公路注入大漢溪。

◎榮華溪。源自內奎輝，流至榮華後注入大漢溪，溪有榮華大壩。

◎雪霧鬧溪。源自拉拉山，原名「Sibunao」，日治時期稱「色霧鬧」，意思是多霧之地，流經大漢溪東岸支流西布喬溪南岸的夫婦山山腰聚落，注入大漢溪。

◎高坡溪。源自羅浮村高坡，流經北橫公路，注入大漢溪。著名的高坡瀑布群位於北部橫貫公路二〇公里處，鄰近高坡聚落，當高坡溪注入大漢溪時，因地勢陡峭，形成落差大的瀑布。由上游至下游形成三層瀑布，「彩虹瀑布」、「魔鬼瀑布」、「高坡橋瀑布」，其中以彩虹瀑布最為壯觀，當陽光照射瀑布時，飛散的水珠，在空中形成一道彩虹。

◎**義興溪**。源自義興。

◎**宇內溪**。源自南、北插天山，於羅浮附近注入大漢溪，長六公里，水位落差大，主支流侵蝕力不同，加上溪流經堅硬的頁岩逆斜層，形成懸谷飛瀑，除下游小烏來瀑布，上游尚有散花、玉牆、白紗、赫威等瀑布，通稱宇內溪瀑布群。

◎**庫志溪**。霞雲溪支流，流經霞雲村庫志，溪旁有鐵木瀑布，又名優霞谷瀑布或庫志瀑布。

◎**霞雲溪**。源自東眼山，主流域不長，至中上游呈Y字型，由繼志溪與庫志溪匯流往下流，注入大漢溪，屬大漢溪集水區重要支流之一。

◎**奎輝溪**。源自嘎色鬧，流經上奎輝、中奎輝到羅馬公路，注入大漢溪。奎輝主要居民屬泰雅族大嵙崁群馬立巴部落的奎輝社人。

龍潭區

◎**打鐵坑溪**。又稱清水坑溪，源於石門山（小竹坑山）西側，向北流至

▲ 大漢溪支流三峽溪

▲ 大漢溪支流打鐵坑溪

打鐵坑，穿越臺三乙打鐵坑橋後向東北方向流，途經清水坑、大平村、三坑，於三坑自然生態公園注入大漢溪，流域面積約六〇〇公頃。

大溪區

◎ **三民溪**。又稱東安溪，長九公里，位於復興區、大溪區交界，源自大溪白石山東側，向南流經三民里後，轉向西南，注入石門水庫。

◎ **草嶺溪**。源自大溪草嶺，流經前後慈湖，於白石山一帶注入大漢溪。

◎ **三峽河**。又稱三峽溪，長廿八．五公里，流域面積二〇〇平方公里，涵蓋新北市三峽全境，土城、樹林、大溪一小部分。另有支流五寮溪，一樣流經大溪。

大漢溪桃園至板橋主要橋梁

◎巴陵大橋：省道臺七線新橋，連接三光到巴陵。

◎巴陵橋：省道臺七線舊橋，三光到巴陵，現為景觀步道橋。

◎巴陵二橋：省道臺七線，三光到巴陵。

◎蘇樂橋：Suruw原意為「頭目居地」，位於高義村最南端，南山山腹，馬望曾呂山東麓公路旁。

◎榮華橋：臺七線卅二．六公里處。

◎雪霧鬧橋：榮華到雪霧鬧。

◎義興吊橋：羅浮到義興，中有長

▲ 巴陵橋

▲ 巴陵大橋

▲ 蘇樂橋

▲ 榮華橋

▲ 復興橋

二〇六公尺的步道吊橋，為一鐵網橋身、木板鋪面、高七〇公尺，電影《賽德克·巴萊》取景地之一的彩虹橋。

◎**羅浮橋**：省道臺七線，霞雲到羅浮，附近新建羅浮溫泉一條街。

◎**復興橋**：省道臺七線舊橋，霞雲到羅浮，現為景觀步道橋。

◎**溪口吊橋**：角板山公園到溪口臺地，二〇一八年新建全臺最長「新溪口吊橋」，長三〇三公尺。

◎**石門大橋**：桃專一線石門水庫壩頂道路，龍潭石門到大溪溪洲山。

◎**石門水庫壩底通道**：桃專三線後池堰環湖公路，龍潭三坪到大溪坪林。

▲ 義興吊橋

▲ 羅浮橋

▲ 新溪口吊橋

▲ 石門水庫大壩

▲ 後池大橋

▲ 溪洲大橋

◎後池大橋：省道臺四線舊橋，從龍潭到大溪，為石門水庫後池堰堤，現為景觀步道橋。

◎溪洲大橋：省道臺四線，龍潭到大溪。

◎崁津大橋：省道臺四線，大溪崁津到大溪內柵。

◎大溪橋：臺三線舊橋，大溪崎頂到大溪公園，現為景觀步道橋。

◎武嶺橋：省道臺三線，大溪崎頂到大溪市區。

◎福爾摩沙高速公路：鶯歌到三峽。

◎三鶯大橋：鶯歌文化路陶瓷博物館到三峽復興路。

▲ 崁津大橋

▲ 大溪橋

▲ 武嶺橋

◎三鶯二橋：鶯歌中正一路到樹林大義路到三峽。

◎柑園大橋：連接樹林山佳與柑園。

◎城林大橋：銜接土城城林路與板橋溪城路。

◎新月橋：銜接板橋環河西路及新莊瓊林路，為一景觀步道橋。

◎重翠大橋：連接板橋到三重。

▲ 三鶯大橋

▲ 三鶯二橋

▲ 重翠大橋

新店溪

襲奪紀

滄流大漢溪物語

這是一場又一場襲奪樟腦利益的戰爭，世居大嵙崁的泰雅族人，陷入為護衛樟樹與家園而戰的紛爭。

被古新店溪襲奪的古大漢溪

「古大漢溪」原稱「古石門溪」。

早在臺北盆地形成，仍為一片山地前，古大漢溪和古新店溪是兩條各自獨立入海的河流，大漢溪自發源地以降，河道大都曲折，石門以上呈東西走向，從石門流出山區後，經桃園大溪向西直接流入臺灣海峽，由於出海口經年累月淤積，河道遷移多次，每一次都是從新竹往桃園不同出海口北移，因而形成舊桃園臺地上萬口埤塘的特殊景觀。

當時，在現今石門附近有一列呈南北向的大斷層崖，落差極大，古大漢

▲ 新店溪

▲ 新店溪出水口

溪將上游大礫石和泥砂帶下，在斷層崖堆積大量沖積扇，稱「古石門沖積扇」，並在上面分出好幾條支流，呈放射狀漫流。

舊桃園臺地群在古大漢溪被襲奪前，是由古石門溪堆積為沖積扇，由於地殼發生變動，促使石門沖積扇抬高，形成「桃園臺地」，桃園臺地上的古大漢溪因此往低平的北邊遷移。隨臺地不斷隆起，古大漢溪也以石門為轉軸，向北遷移數次，直到被更高的林口臺地阻擋才停止變動，最後沿臺地邊緣循流出海。

地質學家認為，明末清初之際，古大漢溪的出海口應是從桃園南崁西行而下，這可由鄭成功據臺時期，民間起造，坐落於蘆竹南崁營盤村五福宮附近的石礫地找到佐證，據稱，這片石礫地即是大漢溪流域的原始河床。

古大漢溪流域近三百年來發生數次改道，第一次在清

▲ 大漢溪出水口

▲ 大漢溪與新店溪匯流處

▲ 淡水河起點

▲ 桃園蘆竹五福宮

初，經大地震後，促使溪流從大溪轉向三峽、樹林、蘆洲、五股，從關渡出海；第二次改道是從樹林轉向板橋江子翠，流入今日淡水河。

又有一說，約在三萬年前，石門發生河川襲奪，古大漢溪遭遇史上最大變遷。

地質學家調查，臺北未下陷成盆地前，古大漢溪河道多曲折，石門以上呈東西向，從石門流出後，直接西切入海。臺北下陷成盆地後，古新店溪轉北流，並加速上游向源頭侵蝕，源頭逐漸向南切割，形成愈來愈靠近山谷另一邊的古大漢溪。當時，石門河川發生鉅變，地勢較低的古新店溪切穿山谷，將古大漢溪襲奪，導致古大漢溪於石門直角轉彎後，改道北流，轉向臺北盆地。

現今桃園臺地群便是古大漢溪被襲奪後所堆積的古石門沖積扇，也即古大漢溪改向後流量增加，侵蝕基準下移，致使河流急速下切，造成今日大溪河岸所見，規模龐大的大溪河階群。

大溪附近的河階群為標準河岸，段石面寬而長，是兩岸的「對稱段丘」。大溪段石群分布石門、鶯歌、三峽，與臺北盆地陷落、河流襲奪、河道移動等都有密切關係。大漢溪於鶯歌附近因侵蝕作用流入臺北盆地，流域由東西折東北向，這種截頭作用引起河蝕基準面降低，大漢溪順勢由側切再向下切，形成河岸段石群。

原來從桃園蘆竹、竹圍流入臺灣海峽的古大漢溪，以及從基隆入海的基隆河，改道流進臺北盆地，匯成淡水河流域。距今五千年前，原為一片汪洋的臺北盆地，海水退去後，淡水河系形成，流域包括大漢溪源頭的新竹、宜蘭、桃園、新北，淡水河起點臺北、基隆等六縣市，名列臺灣第三大河川。

如今，大漢溪在江子翠匯流新店溪，成淡水河本流，到了關渡，與基隆河匯合至淡水油車口，注入臺灣海峽，長廿三．七公里，若與大漢溪相連幹流總長度一五八．七公里，流域面積二七二六平方公里。

清軍襲奪樟腦的「大嵙崁事件」

史載一八八六到一八九二年間，清領時期的臺灣初任巡撫劉銘傳，六、七年內厲行「開山撫番」政策，幾乎年年出兵攻打北部泰雅族。

一八八六年二月，劉銘傳派兵入侵大嵙崁，遭竹頭角等社抵抗。三月，入侵塔卡散社。九月，入侵比亞外社。一八八七年八 月，入侵大豹社。一八八八年五月，入侵雪霧鬧社。一八八九年九月，入侵後山群領域，戰役持續到一八九〇年一月。一八九一年九月至隔年四月，泰雅族人為抵抗清軍推進隘勇線，諸社聯合抗戰。

擁有大砲助威的清軍，得力於劉銘傳親率官兵，先在南雅（大溪）與平

▲ 劉銘傳

▲ 開發樟腦樹資源

▼ 腦丁開挖樟腦點

▲ 清軍入侵大豹社

▲ 清軍入侵雪霧鬧社

埔族、泰雅族發生激戰，相繼位於現今石門水庫上游後方，奎輝部落的竹頭角社戰力不足，遭剿撫並施。

一八八六年底，劉銘傳再到大嵙崁督戰，透過竹頭角社民引路，從角板山潛抵烏來，奇襲獲勝。一八八七年，臺灣山區瘟疫頻傳，大嵙崁山區的泰雅族開始出草禳災。

一八九一年，北部漢人林維源和中部漢人林朝棟等，出人出力協助清軍鎮壓原住民事件發生，使清軍壓制大嵙崁泰雅族的行動加劇。

六、七年的戰役，清軍大都以優勢火力獲勝。剽悍善戰、堅韌耿直的泰雅族不敵，死傷無數，最終大都招降安撫歸順。

這是清領臺灣期間，發生在北臺灣，激烈的「大嵙崁社事件」。

大嵙崁社事件又稱「大嵙崁抗清事件」或「大嵙崁戰役」，戰場涵蓋新北三峽到角板山一帶。肇因於劉銘傳開山撫番，表面意圖控制大嵙崁番社，實為掠奪樟腦資源。

樟腦的功效繁多，主治通竅醒神、辟穢利氣、消腫止痛、殺蟲止癢、熱病神昏、暑濕吐瀉、心腹疼痛、風熱目痛、咽喉腫痛、牙痛齲齒、寒濕腳氣、瘡瘍疥癬、凍瘡、燒燙傷、跌打傷痛等。

早在明末鄭成功進駐臺灣前，樟腦業便已傳輸入臺，一八六三年起，臺灣樟腦開始行銷國外，聞名遠近。具有高利潤的樟腦，除了療效，也是重要工業原料，更能增強炸藥威力。

大嵙崁擁有豐富的樟樹資源，遂成劉銘傳「撫番」重點。

尤其，桃園復興、大溪，新北三峽的大嵙崁溪沿岸，樟腦資源豐富，早期即為泰雅族逐溪居所，同時又是漢與番難以相容之地，一則泰雅族有出草馘首習俗，加諸不少漢人為拓墾山林，哄騙泰雅族人奪取土地，雙方早已埋下衝突，一時很難和好，清府乘機結合地方仕紳，以槍砲、火箭襲擊大嵙崁、角板山，多次戰役雖取得勝仗，始終無法遏止泰雅族人出草、暗地反擊，相對造成日後理番政策雪上加霜。

▲ 樟木片

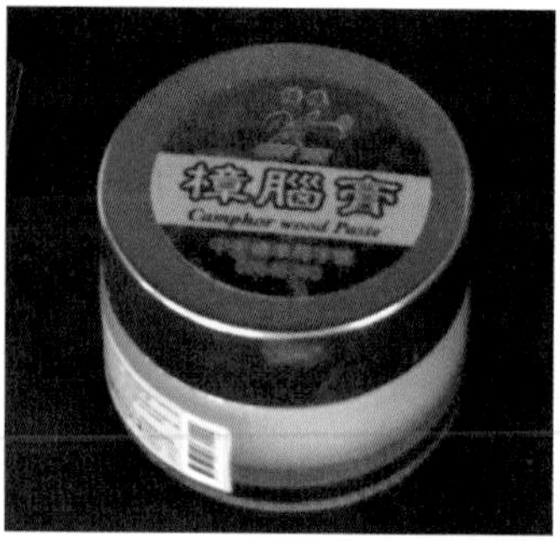

▲ 樟腦膏

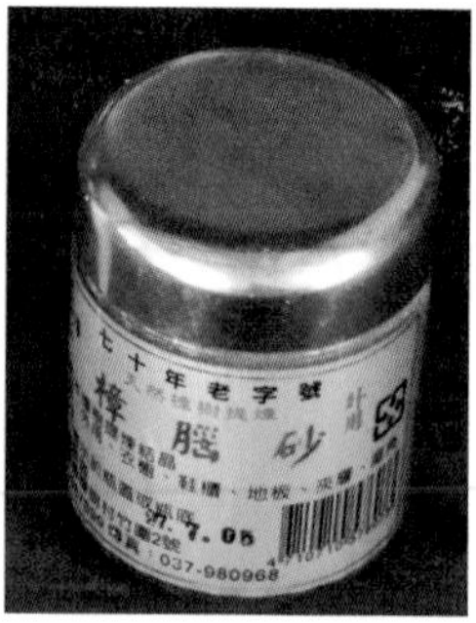

▲ 樟腦砂

▲ 臺灣樟腦名聞世界

▲ 樟腦油

直到日治臺灣，為襲奪樟腦利益的屠殺事件更是層出不窮。

政治大學教授傅琪貽研究《原住民重大歷史事件：大嵙崁事件》特別說明，「大嵙崁社事件正確是指：一八九五年日本入主臺灣，以『綏撫』政策繼承劉銘傳武力進攻的方式，進入大嵙崁群生活領域，開採樟腦。日本的『理番』比清朝劉銘傳作法更現代化、系統化，如警察制度銜接漢隘勇，科技化管理等。先以一九〇〇年包圍封鎖泰雅族大嵙崁群。後來，一九〇六年四月第五任臺灣總督佐久間左馬太，標榜施政要點『理番』。上任後即針對濁水溪以北的泰雅族，實施軍警並進的『隘勇線』前進戰爭。導致發生一九〇六年梵梵山群泰雅族聯合抗日戰爭的重大事件。」

這是一場接一場襲奪樟腦利益的戰爭，世居大嵙崁的泰雅族，從而陷入為護衛樟樹與家園而戰的紛爭。清領如此，日治尤甚。

日軍襲奪治權的「焚燒大嵙崁」

一八九五年，日清簽訂馬關條約割讓臺灣，日軍登陸北臺，處處示意主

▲ 樟腦製作工具

▲ 樟腦製作工具

權、雄威，大嵙崁溪沿岸居民，有大嵙崁武生汪國輝、三角湧樟腦製造業者蘇力、樹林地主王振輝等人，為守護家園，各自糾集鄉民成立「住民自警團」護衛隊。

同年七月十二日，日軍大舉進入大嵙崁，汪國輝等鄉民群起防禦。十六日，日軍援兵抵達，展開「無政府狀態」的屠殺。日軍預先設定大嵙崁以東，直到三角湧之間的所有村莊，都是抗日義勇軍，遂不分青紅皂白，下令焚燒大嵙崁街，企圖以此穩定民心。

居民人數約四萬的大嵙崁繁華市街，從廿二日開始焚燒三天三夜，熊熊烈焰從大嵙崁街延燒到三角湧，約二十多公里之遙，焚毀的房舍一片焦黑，滿目瘡痍，使人不忍卒睹。遭殺害的無辜百姓達五千人以上，燒毀的民宅七、八千棟，「住民自警團」領導汪國輝於戰役中慘遭日軍以武士刀斬殺致死。

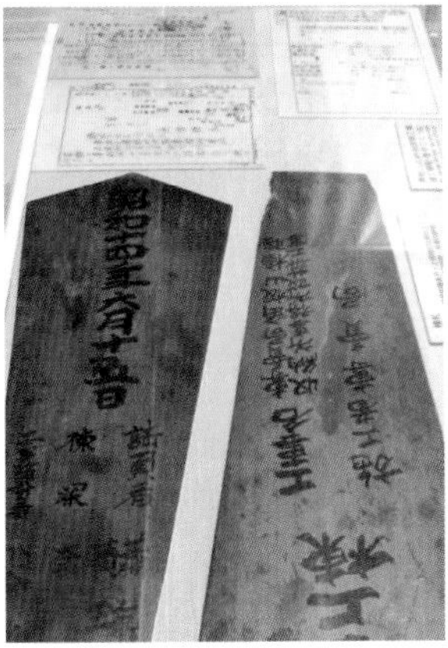

▲ 樟腦收納詰所專用牌

▼ 日治專賣局臺北支局角板山樟腦收納詰所（樟腦轉運站）

▲ 日軍入侵角板山森林

▲ 角板山樟腦收納詰所

後來，大嵙崁流域的住民，紛紛加入戰役，分別以游擊戰反擊，使日軍大為苦惱，史載：「總督認為，當地人狡猾頑固，現在如不嚴加懲治，未來勢必留下後患。總督十七日指示師團長，在從新竹出發開始南進之前，要以足夠兵力先行掃蕩臺北至新竹一帶。」日軍將領依據此令編制山根、內藤、松原三個支隊，名正言順進行掃蕩。

文獻史料說明，名為「掃蕩」，實則報復，當時日軍採行：「只要日本兵士被殺一人，必拿五十個臺灣人的性命抵償。」分配三支隊伍沿大嵙崁溪進行清理，沿途屠害頑強不從的臺灣人，所到之處，房舍全遭焚毀。

日軍發出捷報，「此次大掃蕩歷時四天，殲滅敵人無數，燒毀房屋數千。沿路各村落敵我槍聲、爆炸聲不斷，叫喊聲不絕於耳。」結果是，大燒殺之後，火焰綿延大嵙崁街二十餘里，三角湧附近數里內不見人影。

淒厲的燒殺，使焚毀大嵙崁事件，讓

▲ 角板山軍警營地沒收的槍械

▲ 泰雅族在日治理番戰役中被收繳的槍械

▲ 枕頭山古砲臺步道

▲ 日治臺灣第五任總督佐久間左馬太

日軍得以「軍國主義」之姿，強勢襲奪治臺主權。

日軍襲奪高地的「枕頭山之役」

日治時期發生在角板山的「枕頭山 事件」，在《理番志稿》名為〈擴張插天山方面之隘勇線〉的篇章指出，明治四十三年（一九一〇），時任殖民政府臺灣第五任總督佐久間左馬太決定理番大政方針，增列經費一六三〇萬圓，用於經營以盛產樟腦、木材及礦物的北部山區，時當大嵙崁山地即是豐富樟樹林與品質優良

▲ 隘勇線圖

▲ 枕頭山戰役

▲ 日軍警在大嵙崁溪搭乘渡船

▲ 隘勇線前進

的樟腦產地，總督府為開發山地資源，令其住民同意設隘勇線供採伐樟樹等。

枕頭山位於三民村角板山社旁，是進出角板山重要門戶，族人稱「蓪草山」（babobarahoi），Babo為山頂之意，barahoi為蓪草之意。地勢險要，俯臨大漢溪，控扼鄰近各臺地聚落，日治時期，作為兵家必爭之地的制高點，對擅長高地戰事的日軍來說，只要占領枕頭山，就能有效控制高遶、長興、卡拉、奎輝、溪口、角板、霞雲坪、羅浮各部落。

當時，大溪前山社群與大豹社群已先後向深坑、桃園兩廳表明歸順，唯獨角板山社遲未順從，長州藩出身的總督佐久間左馬太、肥後國出身的番地事務課長大津麟平決議，以不侵犯其居住地及不改變其生活狀態，並加以保護撫育為條件，要求住民提供作為日警部隊前進的安全走廊。

強硬派總督制定征伐原住民部落的「五年理番計畫」，北討泰雅族，南撫布農族為原則，一方面「以番制番」，更對原民發動一六〇多次的「理番戰役」。計畫看是條理分明，實則以優勢警力、高壓手段，決定五年內，迫使全臺高砂族歸順，二方面為求有效掌控角板山，以徵用名義，襲奪木材與樟腦等資源，強勢占領枕頭山 高地，正是強化理番之鑰。

樟腦為昔日重要化工原料，臺灣產量獨步世界，用途包羅萬象，醫藥、光學、塑造、防蟲、除臭、熏香等，且是當時賽璐珞Chlluloid工業蓬勃發展的動能，也是軍事火藥的重要材料，日人非奪不可。然，泰雅族不從，為樟腦與木材而戰的「大嵙崁之役」重新燃起。

▲ 隘勇線前進

▲ 角板山軍警營地

復興區圖書館館長宋國用受訪說：「泰雅族認為長得高大、粗壯的樟樹，被稱作神的樹，叫神樹Honiq utux，是被族人保護的，它也是護祐子孫的神靈。」

不久，日方發動駐地大嵙崁的桃園廳七〇〇〇兵力、駐地三角湧的深坑廳四五〇兵力，擁兵器十三年式步槍、十八年式村田步槍、手榴彈、機關槍、火砲等，圍攻角板山，進入枕頭山討番，卻遭泰雅族激烈抵抗。

日軍被困枕頭山，挖掘戰壕應戰，然地處山區，槍砲、手榴彈等優勢火力無法產生作用，雙方從一九〇七年五月五日激戰到八月十九日，總計一〇七天，死傷不少；緣於日軍後續又有桃園廳獲臺中及南投廳支援兵力一千人接應，導致泰雅族落敗，山地失守，日軍終於攻下枕頭山高地。

未幾，日軍又耗時三個月，從枕頭山登上插天山，完成隘勇線設置，大嵙崁、角板山各社，以落伍武器抵擋日本現代化火網，實在難以招架，有些部落寧死不屈，有些部落向日軍投降，更有不願歸順的泰雅族撤退深山，持續與日軍戰鬥兩年多。

枕頭山之役是日本入主臺灣後的第一場勝仗，日軍師團與泰雅族之戰，徒留一一七具屍體，泰雅族雖一度攻進角板山駐在所，出草十七具日警人頭，最終，大嵙崁溪沿岸番社還是讓日軍壓制。

總計日方完成設置隘勇線十一公里，坐擁樟樹林等十五平方公里。

現今前往枕頭山，在三民往角板山方向，於臺七線約十二．三公里處，右邊產業道路入口立有「往枕頭山砲臺步道」藍色指標，循線進入，經民宅聚落，步上從十四．五公里處橫向道路，藍色指標指往左轉，在復興幹二〇二之三二處小道右上，路口標有「枕頭山砲臺步道」牌誌，即行前往，山頂有一平臺，是為砲臺陣地遺跡。

理番襲奪土地的「大豹社事件」

位於三峽大豹溪南方山區的插角，曾是清領、日治初期，泰雅族大嵙崁

▲ 插角部落

▲ 三峽插角

大豹社領地，海拔四百多公尺，形勢險固。

一九〇〇年，總督府步步進逼泰雅族領域，於大豹社入口凸出的高地，設置駐在所，並開放樟腦業者進入開採，大量業者進入插角後，造成擁有樟樹資源的泰雅族賴以生存的命脈遭襲奪。

是年六月，大豹社因有不肖腦丁強暴部落婦女，族人憤慨，雙方爆發衝突。七月，日警擬設大豹隘勇線，泰雅族人聞訊，萬分不悅，趁夜摧毀工地設備、襲擊日警，隘寮中，逐樟樹而居的腦丁多名慘死。

八月，總督府派軍隊鎮壓，大豹社頭目瓦旦·燮促（Watam·Shetsu）率領族人反抗日人伐木製腦的「理番政策」，並收容抗日漢人義勇軍，與日軍展開浴血戰，日軍死傷慘重，被迫停戰，對大豹社改採「游擊出擊」的嚴密監控戰。

一九〇六年九月，總督府發動強勢攻擊，調集深坑和桃園兩廳組成一一五〇名兵力的聯合隊，架設電網地雷以絕交通，兵分兩路進擊插角，雙方血戰五晝夜，大豹社泰雅族不敵，至終戰敗。

一九〇七年，日軍與泰雅族在枕頭山激戰，日軍獲勝，勢力著著進逼角板山，大豹社總頭目瓦旦・燮促體認當下日本政權擁有現代化武器，為確保族人命脈不斷，決意向府方投降歸順。一九二一年，族人遭官府逼迫，集體遷徙到角板山詩朗、志繼、羅浮一帶。

▲ 大豹溪

▲ 插角大豹社聚落

總結，居住三峽插角，一千多位泰雅族人的大豹社，最後僅剩廿五戶，史稱「大豹社事件」。

被政治襲奪生命，「還我土地運動先驅」樂信．瓦旦

一八九九年八月十六日，泰雅族賽考列克群人樂信．瓦旦（Losing Watan），出生三峽插角大豹社，大豹社總頭目瓦旦．燮促的長子。

一九〇九年，「大豹社事件」結束後，瓦旦．燮促為留存僅餘少數的族人命脈，親往角板山向日方示意歸順，並以長子樂信．瓦旦充當人質。歸降

▲「還我土地運動先驅」樂信・瓦旦

▲ 樂信・瓦旦出生三峽插角大豹社

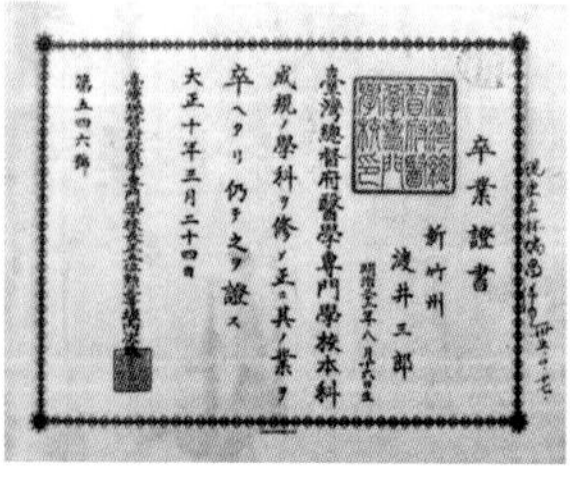

卒業證書

新竹州

渡井三郎

臺灣總督府醫學專門學校本科

成規ノ學科ヲ修メ其ノ業ヲ

卒ヘタリ仍テ之ヲ證ス

大正十年三月二十四日

▲ 從臺灣總督府醫學專門學校畢業

▲ 1911 年樂信．瓦旦（左）就讀桃園尋常高等小學校

▲ 1919 年就讀臺灣總督府醫學專門學校

▲ 就讀臺灣總督府醫學專門學校

條件，除請求保住族人血脈，並要求日方讓兒子接受新式教育。

作家瓦歷斯．諾幹對瓦旦．燮促把自家孩子充當人質的作為表示：「當時的總頭目瓦旦．燮促，一定能理解日軍現代化的強大武力這件事，所以把自己的兒子押去當人質，我覺得這是在人情、親情，在一個民族的情感裡面，是非常強大的撕裂，我們設身處地想到要跟自己的孩子分離，那是多麼巨大的痛苦。可是作為一個總頭目，作為一個以自己民族安危為念的人，他其

▲ 入贅四國愛媛縣望族日野家族

▲ 與日本妻子在尖石

實是犧牲了自己的親情，來成就未來十年、二十年，甚至五十年，民族的安定。」

一九一一年，瓦旦．燮促客死角板山，終究無法帶領族人重返祖居地。是年，樂信．瓦旦十二歲。

身為日軍人質的樂信．瓦旦，後來進入角板山番童教育所就讀，受到政府重點栽培，取名渡井三郎。一九一〇年轉入桃園尋常高等小學校，之後前往臺北習醫，一九二一年三月，樂信．瓦旦廿二歲，從臺灣總督府醫學專門學校（今臺灣大學醫學院）畢業，之後，繼續在研究科研習半年，約莫與蔣

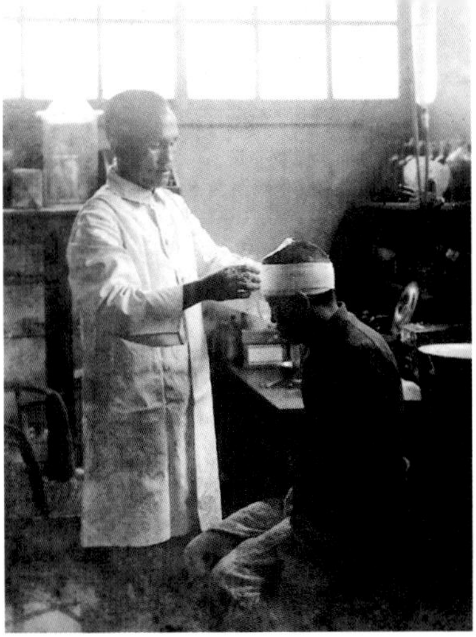

▲ 1932 年在角板村醫療溪口台地開水圳傷患

▲ 與妻子在角板山

渭水、賴和等當代知識分子同時接受醫學常識與技術教育，成為日治時期少數受高等教育薰陶的原住民菁英。

一九二一年十月，返回部落，歷任高岡、角板山、象鼻、尖石等地的駐守醫師、衛生所長。

返回部落，樂信．瓦旦一方面推展現代醫療，傳授族人助產知識，還不時居間協調處理日本人與族人之間的紛爭，全力爭取族人享有近代文明生活。

一九二九年奉總督之命，樂信．瓦旦入贅四國愛媛縣望族日野家族的女子，改名日野三郎。昭和十五年（一九四〇）獲總督府指派，代表臺灣高砂族前往東京參加「皇紀二千六百年慶典」。一九四五年四月獲聘為臺灣總督府評議會員，成為當代原住民最具聲望的公眾人物。

四個月後的八月十五日，日本戰敗投降，二次世界大戰結束，日軍遭盟軍要求撤離，臺灣再度陷入飄搖不定的混亂時於複雜，不易處理，更以「若山胞再返故居地，現有居民生活必致無法解決」的理由搪塞，未准陳請。

憤恨不平的樂信·瓦旦為此悻悻然，導致角板山泰雅族人群情激憤，險些釀成暴動；同年春天，族人還拒絕接受省府慰問團的物資救濟。總之，雖然樂信·瓦旦在二二八事件中極力制止族人參與平地人與蔣氏政權的火爆衝突，然而，只要涉及族人的基本權益，他又毫無畏懼的挺身與國民黨政權正面周旋。

▼ 臺灣省參議會議員合影

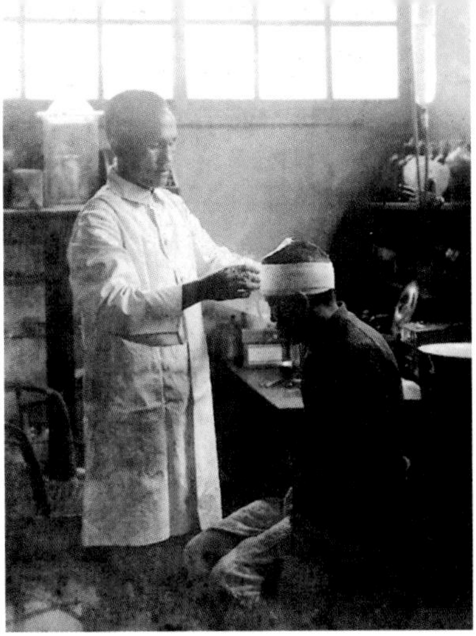

▲ 1932 年在角板村醫療溪口台地開水圳傷患

▲ 與妻子在角板山

渭水、賴和等當代知識分子同時接受醫學常識與技術教育，成為日治時期少數受高等教育薰陶的原住民菁英。

一九二一年十月，返回部落，歷任高岡、角板山、象鼻、尖石等地的駐守醫師、衛生所長。

返回部落，樂信．瓦旦一方面推展現代醫療，傳授族人助產知識，還不時居間協調處理日本人與族人之間的紛爭，全力爭取族人享有近代文明生活。

一九二九年奉總督之命，樂信．瓦旦入贅四國愛媛縣望族日野家族的女子，改名日野三郎。昭和十五年（一九四〇）獲總督府指派，代表臺灣高砂族前往東京參加「皇紀二千六百年慶典」。一九四五年四月獲聘為臺灣總督府評議會員，成為當代原住民最具聲望的公眾人物。

四個月後的八月十五日，日本戰敗投降，二次世界大戰結束，日軍遭盟軍要求撤離，臺灣再度陷入飄搖不定的混亂時

▲ 安定理番有功受賞

▲ 唯一擔任省級民意代表的原住民

表彰狀

日野三郎

多年理蕃事業ニ盡瘁シ功勞不尠ニ付第五十回始政記念日ニ當リ茲ニ之ヲ表彰ス

昭和二十年六月十七日

臺灣總督陸軍大將從二位勳一等功二級安藤利吉

▲ 安定理番有功受表彰

局，還得面臨匆忙遷離中國，轉進臺灣的國民黨政權的高壓統治。

改朝換代、社會動盪不安，這時，樂信．瓦旦依照新政權規定，改漢名林瑞昌。

一九四七年臺灣發生慘烈的二二八政治殺戮事件，樂信．瓦旦勸阻族人勿輕易介入反政府運動。事件過後，新竹縣政府特別頒發獎狀，表揚他維護地方治安有功。

期期以為自己真的「功在黨國」，遂於二二八殺戮事件當年的六月八日，領導族人向政府提出要求復歸三峽大豹社祖居地的陳情。這個陳情運動由林瑞昌、林忠義聯合率領一百多名來自角板山的泰雅族人共同連署，提出「臺北縣海山區三峽鎮大豹社原社復歸陳請書」，卑微請求政府歸還泰雅族人的祖居地，這封誠摯的陳情書，說明如下：

「我們臺灣族（高山族）是臺灣原住民族，往日住在平地，」他控訴清國、日本國侵犯、壓榨原住民，期盼：「八年抗戰，日本投降，光復了臺灣，可享受三民主義民族平等之德政……光復了臺灣，被日本追放後山的我們，應復歸祖先之地祭拜祖靈，是理所當然之事。光復臺灣，我們也應該光復故鄉，否則光復祖國之喜何在？」

他認為「日本已投降，臺灣光復了」，當年被日本政府逼迫離鄉背井的大豹社泰雅族人，理應同樣光復故土，重返故鄉。然，公部門認為時空環境已然變遷，大豹社舊址當前多為漢人居住，泰雅人想重返故地舊居的問題過於複雜，不易處理，更以「若山胞再返故居地，現有居民生活必致無法解決」的理由搪塞，未准陳請。

憤恨不平的樂信．瓦旦為此悻悻然，導致角板山泰雅族人群情激憤，險些釀成暴動；同年春天，族人還拒絕接受省府慰問團的物資救濟。總之，雖然樂信．瓦旦在二二八事件中極力制止族人參與平地人與蔣氏政權的火爆衝突，然而，只要涉及族人的基本權益，他又毫無畏懼的挺身與國民黨政權正面周旋。

▼ 臺灣省參議會議員合影

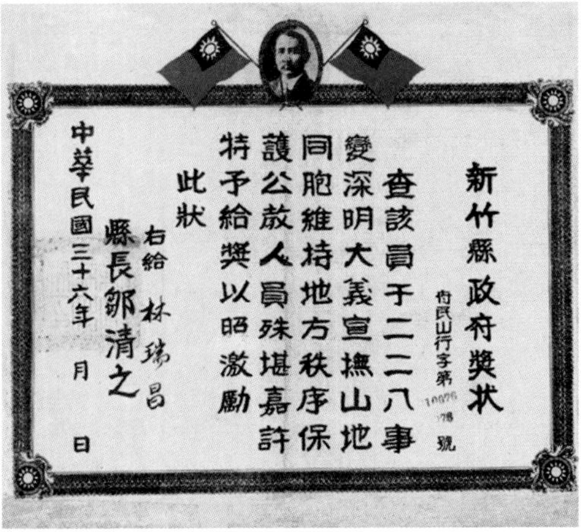
新竹縣政府獎狀
府民山行字第10076號
查該員于二二八事變深明大義宣撫山地同胞維持地方秩序保護公敎人員殊堪嘉許特予給獎以昭激勵
此狀
右給　林瑞昌
縣長鄒清之
中華民國三十六年　月　日

▲ 安撫同胞受獎

鮮明的民族主義立場，顯然已讓他成為少數族群的異議分子。

一九四九年，擁有社會威望的樂信·瓦旦受聘縣政府諮議，遞補第一屆參議員及當選第一屆臨時省議員，成為當代唯一擔任省級民意代表的原住民。

他甚至在議會提出增補原住民民意代表名額，便以爭取原民參政權，並要求日本政府離開臺灣後，留下的農村企業，由原民優先承領，改善經濟，以及設置師範學校、培育原民師資、設置山地行政管理局、山地行政一元化、培養原住民人才、協助復興山地農村生活等。

更重要者，要求國民黨政權，歸還日治時期總督府以武力強徵的原住民土地。

一九五一年二月，他更進一步在《旁觀》雜誌發表臺灣山地行政的論述，直言國府的山地政策遠不如日本：「日本為了在山地徵兵，投下大量人

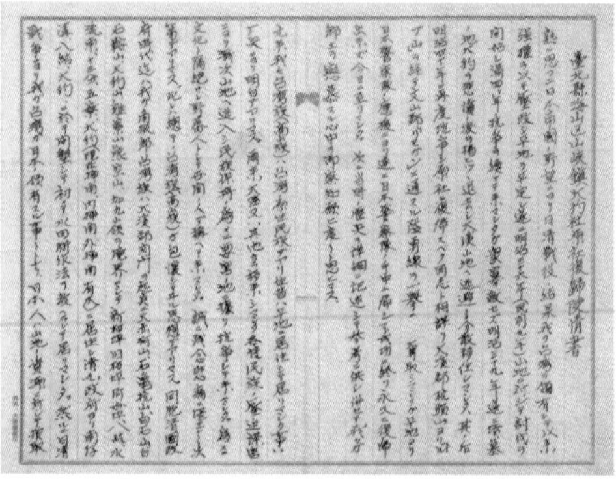

▲ 大豹社原社復歸陳請書（1）

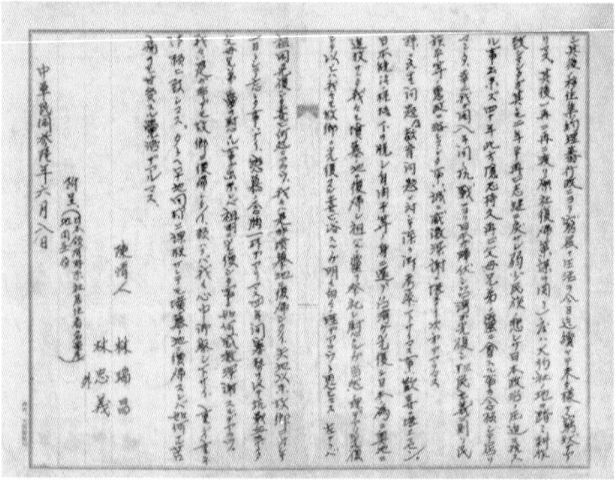

▲ 大豹社原社復歸陳請書（2）

力、物力，提昇山胞生活及文化水準」，建議政府推動二十年計畫，讓「自嘆坎坷不遇的山胞，感覺祖國懷抱的溫暖，向世界宣示三民主義的偉大」。

一九五二年，當選第一屆臺灣省臨時議會議員，積極爭取原住民權益的同時，猶未查覺臺灣的政治情勢，已經產生微妙變化。

他在原住民族中人望極高，卻因「還我土地」運動，作為泰雅族自治

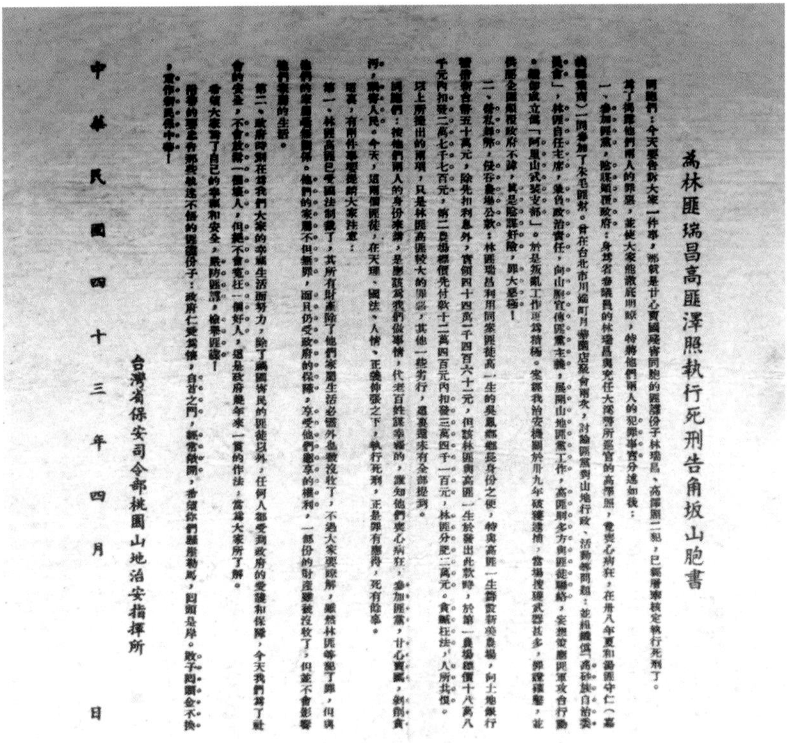

為林匪瑞昌高匪澤照執行死刑告角坂山胞書

同胞們：今天要告訴大家一件事，那就是甘心賣國殘害同胞的匪諜份子林瑞昌、高澤照二犯，已經層峯核定執行死刑了。

為了揭露他們兩人的罪惡，並使大家能徹底明瞭，特將他們兩人的犯罪事實分述如後：

一、參加匪黨，陰謀顛覆政府：身為省參議員的林瑞昌與充任大溪鄉所經營的高澤照，竟喪心病狂，在卅八年夏和湯匪守仁（嘉義縣籍）一同參加了朱毛匪幫。曾在台北市川端町月華園旅館會兩次，討論匪黨對山地行政、活動等問題；並組織偽「高砂族自治委員會」，林匪自任主席，兼負政治責任，向山胞宣傳匪黨主義，展開山地匪黨工作，高匪則多方與匪徒聯絡，妄想響應匪軍攻台行動，組織成立偽「阿里山武裝支部」。於是叛亂工作更為積極。案經我治安機關於卅九年破獲逮捕，當場搜獲武器甚多，罪證確鑿，並供認全部顛覆政府不諱，真是陰謀奸險，罪大惡極！

二、侵私舞弊，侵吞農場公款：林匪瑞昌利用同案匪徒高一生的吳鳳鄉鄉長身份之便，特與高匪一生籌設新美農場，向土地銀行借貸台幣五十萬元，除先扣利息外，實領四十四萬二千四百六十二元，但該林匪與高匪一生於發出此款時，於第一農場總價十八萬八千元內扣發二萬七千七百元，第二農場總價先付款十二萬四百元內扣發三萬四千一百元，林匪分肥二萬元。貪贓枉法，人所共憤。

以上所提出的兩項，只是林匪高匪較大的罪惡，其他一些劣行，還多還未有全部提到。

同胞們：按他們兩人的身份來講，是應該為我們做事情，代表百姓謀幸福的，誰知他們喪心病狂，參加匪黨，甘心賣國，剝削貪污，禍害人民。今天，這兩個匪徒，在天理、國法、人情、正義伸張之下，執行死刑，正是罪有應得，死有餘辜。

還有，有兩件事要提請大家注意：

第一、林匪高匪已受國法制裁了，其所有財產除了他們家屬生活必需外也被沒收了，不過大家要瞭解，雖然林匪等犯了罪，但與他們的家屬毫無關係。他們的家屬不但無罪，而且仍受政府的保障，享受他們應享的權利，一部份的財產雖被沒收了，但並不會影響他們家屬的生活。

第二、政府時刻在為我們大家的幸福生活而努力，除了禍國害民的匪徒以外，任何人都受到政府的愛護和保障，今天我們為了社會的安全，不會放縱一個壞人，但絕不會冤枉一個好人，這是政府幾年來一貫的作法，當為大家所了解。

希望大家為了自己的幸福和安全，嚴防匪諜，檢舉匪諜！

附帶的要忠告那些執迷不悟的匪諜份子：政府仁愛為懷，自首之門，經常敞開，希望你們猛省勤勵，回頭是岸。敗子回頭金不換，實作新民保中華！

台灣省保安司令部桃園山地治安指揮所

中華民國四十三年四月 日

▲ 以叛亂罪名「高山匪諜案」遭判死刑

先驅，而成為當局芒刺在背的後患。府方對這種具有鄉土民族意識的地方領袖，必欲除之而後快，就在擔任臺灣省臨時省議會議員，參與兩次大會後的十一月，突遭保安司令部逮捕，以莫須有的叛亂罪名「高山匪諜案」判處十五年刑期，之後，參謀總長周至柔介入改判死刑，蔣介石核示「如擬」，一九五四年二月二十五日判決死刑定讞。

同時間遭判死刑的原住民尚有：阿里山鄒族的雅巴斯勇・優路拿納（湯守仁）、吳鳳鄉長吾雍・雅達烏猶卡那（高一生）、嘉義縣警察局巡官汪清山（歌手高慧君的外祖父）、達邦村長方義仲、桃園縣警察局巡官高澤照等。

一九五四年四月十七日下午二時三十分，驗明正身後，六位原住民菁英發配至臺北憲兵隊，綁赴馬場町刑場執行槍決，成為白色恐怖時期的政治受難者。

樂信・瓦旦遭行刑後，舉家被迫搬遷羅浮，四個兒子難以承受政治迫害，分別流亡烏來、新店等地，擔任教職或醫生，無法返回故里。

出生桃園，長期投入臺灣社會運動，參與野百合學運，芝加哥大學政治學博士，曾任日本早稻田大學政治經濟學部客座副教授，現職中央研究院臺灣史研究所副研究員的吳叡人博士，曾在一篇論述樂信・瓦旦生平的〈泰雅族的英雄史詩，樂信瓦旦不可思議的一生〉中說：

「樂信・瓦旦的悲劇，如今正逐漸成為一則當代的英雄史詩，以一種庶民的確信（popular belief）方式，被複製、傳誦與傳唱，洗滌人們的靈魂，並且給予他們以勇氣、希望與愛。這或許可以被理解為一種詩的正義（poetic justice）。」

　　臺灣解嚴後的二〇〇四年，樂信．瓦旦終獲陳水扁一紙〈回復名譽證書〉總統令，平反五十年清白。桃園市政府更於二〇一七年八月八日，選定位於羅浮羅馬公路起點的公園預定地，設立「樂信．瓦旦紀念公園」，並置銅像一尊，以示崇敬。二〇〇五年，桃園市文化局出版《泰雅先知—樂信．瓦旦故事集》，二〇一七年，財團法人日本文教基金會也由桃園市立圖書館補助出版《樂信．瓦旦的奮鬥—小我的犧牲，完成大我》，載錄樂信．瓦旦受人尊崇的生平事蹟。

▼ 2004 年總統准予回復名譽

回復名譽證書
（九三）復譽字第〇一六二號
第二次世界大戰後政府長期實施戒嚴
使民主發展與人權保障受到阻礙
前鑒因政治案件致生命或自由遭剝奪、尊嚴被侵害
政府秉持勇於面對歷史事實與誠意負責的態度
檢討反省過去所造成之錯誤
致力重建自由、民主、安定與祥和的社會
林瑞昌　先生及家屬　因政治案件名譽受損
中華民國政府特頒此證，以回復名譽。
總統 陳水扁
行政院長 游錫堃
中華民國九[illegible]月十七日

桃園大圳

水庫紀

桃園大圳與石門水庫

在大漢溪的源流與桃園大圳的基礎上，才會出現後來這座曾列名遠東地區最大水庫的石門水庫。

桃園大圳建造緣起

早在明治年間，臺灣總督府即已警覺，縱使利用桃園臺地全數埤塘蓄水，但缺乏相互調節的灌溉系統，仍將使桃園的農產量低於其他地區，為穩定北臺灣嚴重缺乏的水資源，以及分布不均的雨量，對桃園臺地造成農作質與量的困擾，日方著手計畫從石門開鑿大圳，引水至桃園、中壢一帶，以為灌溉農田之用。

大正二年（一九一三），桃園發生嚴重旱象，導致灌溉用水匱乏，糧食增產不足，迫使當局下定決心，積極規畫水圳開鑿，發展水利工程，解決民生與農地用水問題。

大正五年，官府組成「官設埤圳組合」，採行官民合資方式，進行大圳施作，官方負責從進水口到既有埤塘之間的水道、明渠與幹支分線的整建，民間專責埤塘的改善、合併、新設等灌溉區給水路的整治，全線以人工建造，是年，「桃園大圳」正式動工。

一九一六年動工開鑿的桃園大圳，是由日方延聘八田與一及狩野三郎兩

▲ 桃園大圳進水口

▲ 桃園大圳取水口

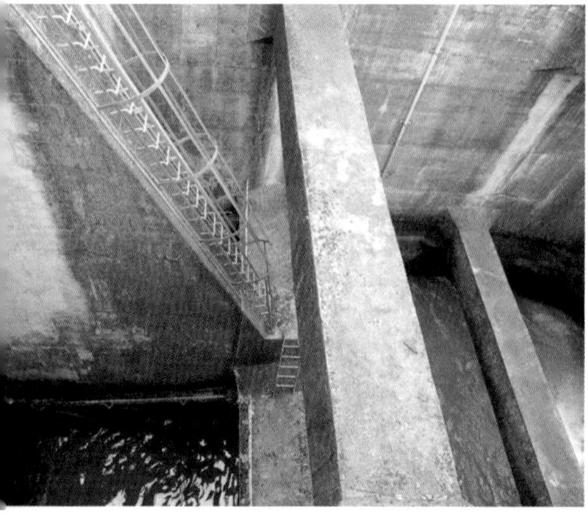

▲ 桃園大圳取水口

▲ 桃園大圳八德送水涵洞

位水利專家設計，引大漢溪水串聯境內幹線及十二條支線連結各埤塘，以為灌溉之用。一九二二年導水路完工，翌年支分線部分完工。一九二四年桃園大圳如期竣工，翌年五月廿二日舉行通水祝賀會。一九二八年各蓄水池與給水幹線工程相繼完竣。水利資源灌溉區域涵蓋桃園、大溪、八德、中壢、楊梅、新屋、蘆竹、觀音、大園等，約二百三十平方公里農地。

一九二九年，臺灣發生罕見嚴重的旱災，桃園大圳適時發揮功效，擔負農田灌溉的水渠、埤塘未受波及，使桃園地區倖免遭旱象影響，實為不幸中之大幸。

引大漢溪水灌溉的桃園大圳，原稱「官設埤圳八塊厝中壢附近埤圳工程」，實為日治時期桃園重大水利工程之一，取水口設置於現今石門水庫依山閣一帶。

一九五三年，被列為農業縣的桃園又逢乾旱之患，大漢溪水位不足，促使當時的國民黨政府投入大量人力、財力，興建石門水庫；一九六四年水庫完工，同時建構石門大圳灌溉系統，才將桃園大圳取水口遷移至石門水庫後池堰西北側，經管道運送至八德大湳附近出口。

桃園大圳新設的取水口為一箱形鋼筋混凝土結構，最大進水量每秒十六．八立方公尺，下接平水池後，以新建的連接隧道與舊有系統相銜。

由於初建完成的水庫水源穩定，桃園大圳的取水，同時供應光復圳灌區，後來延長至新竹湖口鄉、新豐鄉等地，灌溉水路幹線全長廿五公里，經桃園主要市鎮，支分線穿越各城鄉社區，光復圳灌區銜接桃園大圳尾水，以及自社水溪等河水取入，幹線長十五公里，支線長四十九公里，給水段全長一四八公里。

桃園大圳和八田與一

規畫設計桃園大圳的八田與一，一八八六年二月，出生日本石川縣河北郡花園村（金澤市今町），一九一〇年畢業於東京帝國大學工學部土木工學科，八月，應聘為臺灣總督府土木部工務課技術人員。一九一四年，升任總督府技師，調升至土木局土木課衛生股，參與臺南水道計畫，嘉義和高雄等地下水道工程。一九一六年八月，轉派至土木課監察股，負責發電灌溉等工程，參與桃園埤圳計畫，進入桃園深山進行調查、測量，短時間內即完成桃園大圳的工程設計，隨後，總督府認可該計畫，並於同年十一月開工。

八田與一先後參與臺北下水道工程、高雄港規畫、桃園大圳、嘉南大圳、烏山頭水庫的規畫與建造、日月潭水力發電水庫勘查、大甲溪德基水庫

▼ 八田與一

▼ 日治時期的桃園大圳

▲ 八田與一與妻兒

▲ 八田與一和家人合影

勘查等，後來又創設「土木測量技術員養成所」（今瑞芳高工），後人譽為「嘉南大圳之父」。

一九一七年八月十四日，八田與一和金澤市米村吉太郎醫師的千金米村外代樹成婚，婚後定居臺北幸町（今濟南路、中山南路一帶），育有二男六女。

一九四一年十二月，日軍偷襲珍珠港，太平洋戰爭爆發。翌年，八田與一受命為「南方開發派遣要員」，前往菲律賓進行棉作灌溉設施調查。五月八日晚間，搭乘的「大洋丸」在東中國海男女群島附近遭美軍潛艦攻擊，爆炸起火、沉沒；八田與一未及逃生，不幸罹難，遺體奇蹟似的被當地漁民尋獲。大體送回荻市火化後，一部分帶到臺灣，長眠烏山頭水庫旁。

一九四五年，太平洋戰爭末期，美軍空襲臺北，妻子外代樹和女兒疏散到臺南烏山頭，回到她居住十年的地方。八

▲ 八田與一在日本金澤市的生家與生誕地碑

月十五日，日皇宣布無條件投降，卅一日，次子泰雄回烏山頭與家人團聚。由於對亡夫的思念，更不願因日本戰敗而離開臺灣，隔天九月一日颱風天清晨，外代樹趁家人熟睡之際，來到八田與一投注一生心血的烏山頭水庫，跳入放水口自盡，結束四十五歲生命，遺書「愛慕夫君，我願追隨去」。部分骨灰和八田與一合葬烏山頭珊瑚潭北側大壩。

大漢溪中游石門水庫

桃園臺地是由古石門溪沖積而成的沖積扇平原，三萬年前，在古石門溪上游發生河川襲奪後，桃園臺地的河川多呈荒蕪型流

▲ 石門水庫建造(圖載自石門建設誌)

▲ 石門水庫建造(圖載自 SOGO 論壇)

▲ 961 年石門水庫大壩興建工程

域，缺乏穩定水源。清代移民入墾桃園臺地，大都開鑿、修築埤塘供應灌溉所需水源。乾隆十三年（一七四八），霄裡社通事知母六曾和墾戶薛奇隆共同建造「霄裡大圳」，其後又修築靈潭埤（龍潭大池），蓄水供龍潭一帶農地灌溉。

道光廿一年（一八四一），曾修建曹公圳灌溉鳳山農地的曹謹，擔任臺灣府淡水撫民同知，即曾研議引大漢溪水修築水圳以灌溉桃園臺地，此為臺

▲ 石門水庫大壩興建工程(圖載自石門建設誌)

▲ 興建中的石門水庫大壩及溢洪道工程

灣官府主導水利興建的初始，後來，因墾民意見分歧，無法實踐。

這種小渠水道始終無法讓住民擺脫水源不足的困境，一九一六年，八田與一和狩野三郎引大漢溪水開鑿桃園大圳，暫時紓解水資源問題。後來，八田與一持續研擬石門峽谷建壩蓄水的可行性，一九二九年發表《昭和水利事業計畫》，著手針對大漢溪進行水文調查和地質探勘，但礙於工程浩大，所費不貲，又適逢昭和十二年（一九三七）「中日戰爭」爆發，以及接踵而至的一九四〇年「太平洋戰爭」，日本對臺殖民政策進入戰時體制的「軍需工業」發展期，所有基礎建設全部停止，建造水壩一事，終究未能付諸實施。

事實是，在大漢溪的源流與桃園大圳的基礎上，才會出現後來的石門水庫。

日治時期完成桃園大圳工程，到二次世界大戰結束後的一九五五年，國民黨政府治臺，才開始從事大漢溪地質、水文、農業經濟調查、工程成本估算，以及美援資金挹注與技術合作，最終核准石門水庫工程建造計畫；同年七月，成立石門水庫建設籌備委員會，以時任副總統的陳誠擔任主任委員、延聘美國工程公司為顧問，以自營方式辦理，北水局表示「當時還吸引紐約時報專欄報導」。

石門水庫興建歷時八年，一九六四年六月十四日正式竣工，主要地理位置跨越桃園復興、龍潭、大溪三區，與新竹關西鎮之間。

坐落石門峽谷的石門水庫，是臺灣北部主要水庫之一，曾名列遠東地區最大水庫，採土石堤岸型壩體，攔截大漢溪蓄水而成，是臺灣第一座多功能水庫；集水面積七六三．四平方公里、蓄水範圍一六．五公里、正常蓄水位標高二四五公尺、最高洪水位標高二四九．五公尺、滿水位面積八平方公里。

水庫大壩一三三．一公尺，是全臺最高土石壩，站在壩頂可俯瞰後池堰及三坑、龍潭、大溪等地，每當大雨來臨，石門大壩溢洪道洩洪，十分壯觀，吸引不少遊客到此欣賞洩洪景觀。

▲ 石門水庫紀念碑

估計當時參與建造水庫約七千餘人，總建設經費新臺幣卅二億元。水庫建設完成後，具有灌溉、發電、給水、防洪、觀光等效益。主要工程分為大壩、溢洪道、排洪隧道、電廠、後池及後池堰、石門大圳及桃園大圳進水口等結構物。

石門水庫地形、地質與水文

石門水庫集水區主流位於大壩上游，發源自大霸尖山、品田山的大漢溪流域，自石門回頭起算，總長度約九十四公里。集水區由泰岡溪、玉峰溪、三光溪、卡拉溪、比亞溪、雪霧鬧溪、高坡溪、義盛溪、霞雲溪、奎輝溪、三民溪、高遶溪、湳仔溝溪等支流匯集而成，羅浮以下，始進入石門水庫。支流總數六十四條，流路動態呈不規則枝椏狀，長度加總約三五二公里。

大漢溪流域的谷地最寬二十公里，地勢大致向北傾斜，山脈走向與岩層平行，大抵為北東七〇度到八〇度，各山峰高度自東南向西北逐漸降低，從石門以下開始遠離山地部落，流域範圍擴及新竹、宜蘭、桃園三縣市，總面積七六三．四平方公里，全區九二．八％為林地，四．八％為農地，其餘二．四％為河川、道路、建地、露岩、荒地，流域居民約一萬七千餘人，大都從事農耕、林業。

▼ 石門水庫環湖公路

▲ 石門水庫環湖公路

▲ 石門水庫環湖公路

石門水庫主壩原規畫為混凝土拱壩，因壩基承載力的考量，設計時修正為土石壩，水庫排洪設施原僅規畫建置溢洪道，由於一九六三年葛樂禮颱風引發洪水，水壩功能險些失效，重新檢討後，一九七九年，在大壩右岸山脊增設排洪隧道，排洪能力由原設計每秒一一四〇〇立方公尺，提升到每秒一三八〇〇立方公尺。

現今大壩模樣已非原計畫，一九五九年十二月，法國南部傳來完工不到五年的麻泊賽拱壩，遭洪水沖擊造成潰決，下游釀成巨災，前車之鑑，才使原先設計為拱壩的石門水庫修正成土石壩，高達一三三・一公尺的壩身，目前仍為亞洲最高土石壩。

石門水庫的發電廠設於大壩下游左側，為塔式進水口，直徑四・五七公尺的壓力鋼管，長三一八・八公尺，採戶外鋼筋混凝土廠房，廠內設有四五〇〇〇千伏安容量的水輪發電機兩組，一五四千伏輪電線，全長十二．九公里，每年總發電量二億度。

上游的義興電廠於一九八三年與榮華壩配套興建完成，義興壩下游左岸設置發電廠，發電進水口設於榮華大壩上游左岸。義興電廠由石門電廠遙控操作，類型為川流式發電機組，裝置水輪發電機一組，容量四十千瓦。

而位於石門大壩下游約一．四公里處的後池堰，可調節石門電廠發電尾水及溢洪道與排洪隧道的洪水。後池堰分溢洪段及土石段，溢洪段為鋼筋混凝土結構，上面建有後池大橋，總長三一七．五公尺。後池堰蓄水形成的後池，位於石門大壩下游至後池堰，容量約二二〇萬立方公尺，後池堰左岸設有沖刷道閘門，右岸設有溪洲圳閘門。

至於石門大圳進水口，設於石門水庫內，為一直立塔形結構，最大進水量每秒十八．四立方公尺，下接閘門室、壓力隧道及消力池後進入渠道系統。

關於防砂壩，一九六六年興建義興防砂壩，壩高廿五公尺，一九七三年完成壩體加高工程，以處理水庫砂土淤積問題。一九七七年興建巴陵防砂壩，

▲ 石門水庫洩洪

壩高卅八公尺，壩長八〇公尺，經長期侵蝕，又經二〇〇七年九月韋帕颱風狂風暴雨挾帶上游崩落土石，壩基被鑿空、遭致本體潰決。榮華大壩建於一九八三年，位於義興壩及巴陵壩之間，壩高八十二公尺，壩長一六〇公尺。

關於排砂隧道的建設，水庫排砂隧道設於石門大壩溢洪道左岸，總長度約三七七．六公尺，主要功用為解決颱風季取水問題，以及維持石門水庫水容量，第一期工程將既有石門發電廠第二號壓力鋼管改建為排砂鋼管，增加排砂功能，降低石門水庫淤積速率，以延長水庫壽命，第二期工程則是維持電廠功能，將原電廠第一號發電鋼管改建為#1A、#1B發電鋼管，排砂隧道於二〇一二年十二月完工，二〇一三年七月蘇力颱風期間首次啟用，每年約可清除淤泥一百萬立方公尺。

依據二〇〇三年五月出版的《石門水庫營運四十年特刊—集水區治理及保育》，作者陳宗政所言：

石門水庫集水區的地質、水文及土地利用概況：

地質：水庫區域位於雪山山脈帶及西部路山帶兩地質分區內。出露之地層以第三紀為主，在淹沒區以上之地層由中新世早期及漸新世略顯輕微變質之砂岩及硬頁

▼ 石門水庫大壩

岩組成；於淹沒區與壩址附近則為中新世末變質之砂岩與頁岩；於壩址下游後池附近，地層屬於更新世之頭嵙山曾與全新世之臺地堆積層。受區域性逆衝斷層之影響，本區域地層多呈東北走向，與水庫縱長之方向略呈斜交，以高角度向東南傾斜，傾角介於四〇度到八〇度之間。

水文：流域之年平均降雨約為二四七六mm。主要降雨集中在每年五月至十月間，占全年總降雨量的八〇%，大部分為颱風及梅雨帶來的雨量，自民國四十七～八十五年間的年平均水面蒸發量為五四三mm。石門水庫原河川流量紀錄係由舊桃園大圳所設之

▼ 石門水庫風景區

流量站加以檢測，顯示近十年來的水庫逕流量較長期平均值為高。

土地利用：石門水庫集水區土地利用型態以闊葉林及混合林為主，面積達六一九五〇公頃，約占水庫集水區面積八一%。其次以竹林居多，面積八五三二公頃，約占水庫集水區面積十一%，主要分布於三民、長興、奎輝、霞雲等地。果園面積為二二三八公頃，多於緩坡種植以溫帶水果為主。茶園六一公頃，多分布於水庫周圍。其餘農業種植三一九五公頃，約占水庫集水區面積四．一九%。

石門水庫水景色

石門水庫施工期間曾遭十一次颱風侵襲，而今運用超過半個世紀，同樣歷經無數次颱風水患，為求安全，石管局接續增設排洪、排砂隧道、分層取水工程，未來還將增建阿姆坪防淤隧道。

提供桃園、石門大圳灌區約三萬六千五百公頃土地使用的石門水庫，家用及公共給水，每年超過四億三千萬噸，農業用水二億三千萬噸，水力用水

▲ 石門水庫風景區

和工業用水六七五萬噸，供應範圍涵蓋桃園、新北、新竹三縣市卅二鄉鎮。

近年，石門水庫觀光事業，以水土保持、水質保護與環境保護為原則，興建公共設施，包括：依山閣資料館、溪洲公園、環湖公路、壩堤觀景臺、停車場、遊艇碼頭、涼亭、森林步道、公廁、坪林管理站及周邊公園等，並興建完成壩區污水處理廠，以維護水質穩定性。

水庫周邊尚有民間投資的亞洲樂園、龍珠灣遊樂區、童話世界、雲宵、稻香村及湖濱飯店等遊園場所，並與鄰近小人國等相連，形成帶狀水風景觀光遊樂區。

二〇一七年十二月，桃園市政府提出

「石門水庫及大漢溪流域跨域亮點提案計畫」，經交通部觀光局審核通過，將為每年觀光客超過二百萬人次的石門水庫推展「打造運動觀光品牌」、「推動主題創意環境」、「優化自然生態旅遊」三大主軸，進行「完成運動觀光基礎設施」、「再造龍潭佳安十一份美國村」、「南苑再現臺灣燈會花燈」、「北苑露營基地山林自在行」及「石門水庫整體觀光行銷」等計畫，持續發展大漢溪流域及水庫區域觀光，如：設置環湖大道、賞楓大道，讓遊客以運動樂活方式，自由自在旅遊。

大漢溪攔砂壩修築中

治水紀

密》專題探討「臺灣供水高度依賴水庫，石門水庫問題最嚴重」，由副總主筆呂國禎帶領調查團隊，用四個月時間踏足石門水庫集水區，從桃園復興、長興、雲霞、高義、巴陵、三光，直抵大漢溪源頭新竹玉峰、秀巒、鎮西堡、司馬庫斯等部落，溯源大漢溪及其分支溪流的現況。

製作團隊發現，「拉拉山遊客中心旁的山坡，已是土質鬆動的禿壁。遊客中心及一一六縣道，隨時可能滑落大漢溪。過去拉拉山的水蜜桃破壞水

▲ 大漢溪沿岸泰雅聚落

▲ 落石與水瀑

▲ 北橫公路沿途泰雅聚落

土保持，新元凶則是遍地開花的一百多座露營地，滿足都市人的豪華露營夢；或是居民擅自在山坡整地擴建；商人租下原住民土地，種植破壞性強的大片生薑田。」研究員和記者組成的後勤團隊，從被石門水庫巡守隊舉報的六百九十件非法作為的資料，見證人們自私的行為，製造更多的泥砂餵食石門水庫，「上游集水區的不當開發，造成全域一百多座攔砂壩已有七成淤積，甚至潰壩。」

大漢溪暨支流攔砂壩、土石流和石門水庫淤積、枯水期，充滿重重危機的跡象，已非昨日或今天才形成的問題，水利署與林務局的治水、防洪、山林保護是否盡心發掘真相，確實盡責執行？

整治石門水庫或大漢溪，如果僅是雇用幾位原住民擔任巡查員，調查當地山林、土地是否超限利用？以及攔砂壩出現崩塌，河川生態遭破壞等嚴重情況，卻完全不納原住民對河流、森林的知識和意見，作為治理河川的參考選項，是否為不智之舉？

二〇〇七年九月，韋帕颱風帶來豪雨，沖擊大漢溪上游的巴陵壩，壩毀，壩下洪水往基地下方沖刷，哈凱（hagay）部落的土地傾斜崩塌，居民在上下夾擊的威脅中被迫遷村。

回顧一九九六年賀伯颱風席捲全臺，大漢溪沿岸土石流侵襲哈凱部落，二〇〇四年艾利颱風、二〇〇五年海棠、馬莎及泰利等颱風重創北泰雅部落，使不少族人無家可歸。二〇〇一年，政府擬議在下蘇樂興建組合屋，提供給哈凱部落的居民短期居住三年，並承諾興建永久屋。永久屋除了提供給廿一戶居民居住外，另提供給卅四戶同樣遭到地基淘空，每逢豪大雨季就必須遷村的高崗部落居民。

永久屋在二〇〇四年開始籌建，基地位於三光村，土地為林務局所有，二〇〇八年整地完成，但依據「重大災害災民安置及住宅重建原則」，居民必須自籌二〇％費用才能進駐。

同樣問題，義興部落也面臨興建攔砂壩造成土地鬆動、流失的狀況。

▲ 觀音區大潭村「移民新村」

▲ 移民新村

姆坪聚落的老照片為靈感繪製的《遷村》繪本最為吸引人。作者巫秀淇說明，當初是為調查石門水庫集水區地理人文狀態，透過友人找到一張卡拉社舊貌的相片，這是石門水庫建造前，還未沒入水底，依山傍水的聚落照片。

她的《遷村》便是依據照片，以文字和繪圖，描繪消失的卡拉社悲慘的遷村歷程。

為了國家的「大我建設」，人民必須犧牲小我家園，被迫遷村，族群與聚落的情感，跟著淹沒，流入隨時可能消失的記憶中。

這是一九五七年受到世人關注的社會議題，一條孕育泰雅文化，族人賴以生活千百年的生命之河，為了政府在峽谷耗資卅二億元興建水庫，不只是遠離家園，更是改變泰雅族人和大嵙崁溪的關聯。卡拉社共四百多戶住家，三千多人被迫拆散，「抽籤」遷徙。

知識和意見，作為治理河川的參考選項，是否為不智之舉？

二〇〇七年九月，韋帕颱風帶來豪雨，沖擊大漢溪上游的巴陵壩，壩毀，壩下洪水往基地下方沖刷，哈凱（hagay）部落的土地傾斜崩塌，居民在上下夾擊的威脅中被迫遷村。

回顧一九九六年賀伯颱風席捲全臺，大漢溪沿岸土石流侵襲哈凱部落，二〇〇四年艾利颱風、二〇〇五年海棠、馬莎及泰利等颱風重創北泰雅部落，使不少族人無家可歸。二〇〇一年，政府擬議在下蘇樂興建組合屋，提供給哈凱部落的居民短期居住三年，並承諾興建永久屋。永久屋除了提供給廿一戶居民居住外，另提供給卅四戶同樣遭到地基淘空，每逢豪大雨季就必須遷村的高崗部落居民。

永久屋在二〇〇四年開始籌建，基地位於三光村，土地為林務局所有，二〇〇八年整地完成，但依據「重大災害災民安置及住宅重建原則」，居民必須自籌二〇％費用才能進駐。

同樣問題，義興部落也面臨興建攔砂壩造成土地鬆動、流失的狀況。

▲ 阿姆坪聚落卡拉社(照片／湯松霖先生提供)

還有，榮華壩附近的比亞外（piyaway），巴陵壩附近的三光（Gogan）、爺亨（Giging）等部落也因建壩造成道路、土地及居住危機。另外，石門水庫上游奎輝一鄰部落（Cintoyang）的居民，過去數十年以來，一直以簡易舢舨對外交通，枯水期還得涉險走過泥沼，這種行之不易的狀態，迄今猶未改善！

半個世紀之前，為了興建石門水庫，不僅造成八十公頃的卡拉社消失，水利署又從一九六五年起，在大漢溪主、支流興建一百二十三座號稱銅牆鐵壁一般牢不可破的攔砂壩，如今流失損壞卅八座，淤滿泥砂七十四座，這一道又一道的攔砂壩同樣毀損了一個又一個的部落生態。

真實現況是，大漢溪底已經淤滿泥砂、礫石，攔砂壩未死，河道先枯竭，供應北臺超過兩百萬人口民生飲水的石門水庫又將面臨何等艱險的災難？

興建石門水庫，無端消失了一個被政府棄絕愚弄，沉入水底，導致族人三度遷村的卡拉社。族群的居住問題至今尚未完全解決，水利署還曾計畫要在大漢溪源頭的尖石鄉後山建造高臺水庫、前山那羅溪流域興建比麟水庫，作為因應石門水庫淤砂超量、缺水的問題，結果引起居民強烈反彈。

增建水庫究竟會為水利帶來怎樣嚴苛的問題？泰雅族人惶惶不安，那一條哺育無數族民生命，名叫母親的河，何時將會淪為滅族的惡水？是天災？還是人禍？

消失的泰雅族卡拉社

二〇一四年，桃園文化局出版系列《桃源文化繪本》，其中，以一張阿

▲ 觀音區大潭村「移民新村」

▲ 移民新村

姆坪聚落的老照片為靈感繪製的《遷村》繪本最為吸引人。作者巫秀淇說明，當初是為調查石門水庫集水區地理人文狀態，透過友人找到一張卡拉社舊貌的相片，這是石門水庫建造前，還未沒入水底，依山傍水的聚落照片。

她的《遷村》便是依據照片，以文字和繪圖，描繪消失的卡拉社悲慘的遷村歷程。

為了國家的「大我建設」，人民必須犧牲小我家園，被迫遷村，族群與聚落的情感，跟著淹沒，流入隨時可能消失的記憶中。

這是一九五七年受到世人關注的社會議題，一條孕育泰雅文化，族人賴以生活千百年的生命之河，為了政府在峽谷耗資卅二億元興建水庫，不只是遠離家園，更是改變泰雅族人和大嵙崁溪的關聯。卡拉社共四百多戶住家，三千多人被迫拆散，「抽籤」遷徙。

起初落戶大溪中興里河川新生地，住家被颱風吹垮屋基，造成不安情緒，卡拉社人請求當局給予安全的位置建屋。後來，再遷大溪中庄新村的九月天，適逢葛樂禮颱風過境，石門水庫無預警洩洪，那是石門水庫竣工後首度洩洪，洩洪量達五億七千四百餘萬立方公尺，洪水直沖中庄，卡拉社人全數躲到鄰近小學避難一個多月。

▼「移民新村」說明碑

水庫管理局造成的嚴重過失，使卡拉社第三度被迫集體遷移到桃園偏鄉觀音大潭村「移民新村」，後來又發生高銀化工廠鎘污染事件，移民新村的水源含有重金屬污染源，引起族人惶恐與震驚，最後只能如蜉蝣般四散，搬遷到桃園境內十三鄉鎮，卡拉社終於被瓦解。

▲ 荒廢的房子

▲ 荒廢的房子

國立政治大學民族研究所學生李慧慧在她一篇〈社群經驗與文化變遷—石門水庫淹沒區泰雅人移民史〉的論文提到：

「因遷移而產生的受迫經驗與認同，以及與文化變遷之間的關係，由於遷移過程中，泰雅人察覺政府在遷移規畫及執行上似均有因『原住民』與生俱來的特殊身分，致配撥土地、安置地點、補償標準的處理上有民族身分上的出現『差別待遇』，導致經歷三次遷移，又因遷居之後經濟適應過程中，配撥耕地不適耕種，政府亦未輔導就業與轉作等，積累而遂產生集體的受迫意識經驗。」

「未來你們會有好房子住，小孩有書讀，政府會補償勝過現在十倍的給你們！」石門水庫籌建委員信誓旦旦的在遷村說明會對卡拉社人這樣說。而今呢？

作家林文義在一九九三年四月八日原載「自立晚報副

刊」的作品〈泰雅家園〉寫道：

靜謐如鏡，碧綠如翠的集水區，有人用箱網養大頭鰱、草魚，茫白的煙氣緊掩水面，山櫻以及杜鵑在微冷的春風裡那麼燦爛地怒放。上游駛來並與之交錯的交通船，盪起銀亮的水痕並絲帛般席捲而來。

從吊橋上去右轉攀登石階就是復興鄉。

梯田以及茶園，蔣介石行館被一把無名火燒毀，仍未復建，擴寬的停車場在不是假期的日子，顯得空蕩、靜寂……走過小街，泰雅族人開的香菇

▲ 移民新村老人

▲ 大溪區原住民文化會館

▲ 移民新村居民的信仰地標復興宮

店，一大包一大包塑膠袋裝滿的乾香菇寫著各種價格，老泰雅睜著一雙漂亮清亮的眼睛看外來人，鯨紋的藍色已褪得很淡。

離開昔日的「大姑陷」河岸，那條如今已淤積幾近消失的大嵙崁溪上游，記憶著泰雅族人血淚斑斑的歷史，被驅趕到離大嵙崁很遠的觀音、復興、巴陵的族群，一如臺灣島嶼各族的原住民同樣的困擾——年輕的族人到平地漢人的社會討生活，老人與小孩留在山上的家園，循環依序，一如山風雲影下難掩的孤零。

從原有土地被迫遷徙、分散、消失超過半個世紀的卡拉社，三次大遷移讓族人承受無盡傷悲的苦難。歷史的悲劇，必須由後人承擔重責，事隔六十餘年後的二〇一五年七月，桃園市長鄭文燦提出三大補償機制，將社會住宅一〇%的原住民名額優先讓給卡拉社人、協助完成移民歷史調查和記錄、主張提高石門水庫回饋金；並於二〇一八年五月決議在大溪區原住民會館旁，土地所有權歸臺灣石門農田水利會的空地興建住宅，協助卡拉社族人重建家園。

▲ 快速乾涸的大漢溪

對此，卡拉社人肯定作法，急迫渴望有一塊安全土地，讓族人的歷史和文化得以延續深耕。

大漢溪在嗚咽

卡拉社是否能如願如期團聚，有待主政者的智慧判定。然，憂傷大漢溪不會因處理卡拉社遷村問題而停止嗚咽。公共電視臺製作的《我們的島—大嵙崁溪的憂傷》紀錄片，記者林燕如寫道：

民國五十二年的葛樂禮颱風，光是九月十日就在大漢溪上游巴陵，降下一〇四四毫米的驚人雨量，造成石門水庫集水區多處崩坍，讓民國五十三年才完工的石門水庫，

▲ 石門水庫枯水期裸露的百年土地公廟（照片／詩人劉正偉提供）

五四年的時候，淤砂量就已經達到一九四七萬立方公尺，足足比當年所預估的年淤砂量八十萬立方公尺，多了廿四倍。

為了減少石門水庫的淤砂量，政府自一九五〇年代起，在大漢溪主流與建義興壩、榮華壩和巴陵壩等三座大壩。截至目前為止，北區水資源局已經在集水區蓋了一百二十三座攔砂壩，要延長石門水庫的使用壽命。

但建壩對生態和環境，都會造成衝擊，鄰近壩體的部落居民認為，矗立在溪流的壩體改變了水文，導致沖刷當地部落的土地，像是靠近義興壩的義興部落，就曾經發生農地流失的狀況；而鄰近榮華壩的比亞外部落，也有同樣的情況發生，沿著大漢溪而建的臺七線，在這裡變成一個凹字型，居民形容就像是雲霄飛車一樣。

最讓居民擔心害怕的是，榮華大壩一旦潰堤，勢必對部落造成更大傷害。二〇〇七年的韋帕颱風，不就輕易沖毀壩高三十八公尺的巴陵壩，證明大自然的力量難以預料。

林燕如還寫道：「民國九十三年艾利颱風過後，石門水庫淤砂量增加了二七八八萬立方公尺，民國九十五年政府擬定五年計畫『石門水庫及其集水區整治特別條例』，編列特別預算二百五十億元，今年即將到期，未來的整治還是關鍵時刻。如果還是繼續建壩，要如何才能讓山林、部落、用水安全，取得共識，都是要面對的課題。」

▲大漢溪枯水期

▲ 石門水庫枯水期（照片／劉正偉提供）

▲ 石門水庫枯水期（照片／劉正偉提供）

▲　石門水庫枯水期漂流木（照片／林務局官網）

石門水庫集水區自二〇一六年十二月起，雨量偏低，水庫水位直落，大壩水位二三六．二九公尺，蓄水量一億三四七〇萬噸，蓄水率六六．九%，被喻為水庫的枯水期，當年因興建水庫而被淹沒的阿姆坪「土地公廟」和鄰近的夢幻草原，只要水位降至約二四〇公尺以下，就會浮出水面。

面對缺水吃緊，北區水資源局只能呼籲民眾珍惜水資源，一起抗旱。

人們是否聽見大嵙崁溪在吶喊！水環境復育公民記者楊國龍在他一篇〈聽大嵙崁溪在吶喊！〉的文章寫道：「整條大漢溪變成今天的模樣，是我們用一百年消耗掉她幾萬年的歲月累積下來的資源，過去她帶給我們生命繁衍與生活安樂，是否我們應該思考一下讓她稍微喘一喘息！不要再對她過度消費，讓她永遠無法重生，不然我們的下一代就無法有另一條大漢溪給他們的下一代了。」

是的，石門水庫淤砂問題反映了上游的土地開發問題嚴重，加上水庫儲水量無法達到預先設定的七成，水庫調節功能快速喪失，當初犧牲大漢溪生態興建的水庫，如無法處理上游淤砂問題，再過十年、二十年，水庫功能必將喪失，相關單位是否應審慎思考臺灣還能不能用水庫「集水區」的單一方式解決水資源問題？

政治大學民族系助理教授官大偉（daya）用Tewa族印地安學者Cajete的話總結大漢溪與泰雅族的故事。他認為，當現代國家從功能面去想像一條河流時，只能描繪出水庫或工程；但是對於原住民而言，卻是充滿生活中累積下的知識，他說：「當我躺在河裡，讓水流流過我的身體，穿越身體的，還有我們部落的記憶。」他強調，只有學會和大河相處，才不會繼續妄想以非自然方式去對付它。

榮華大壩

地景紀

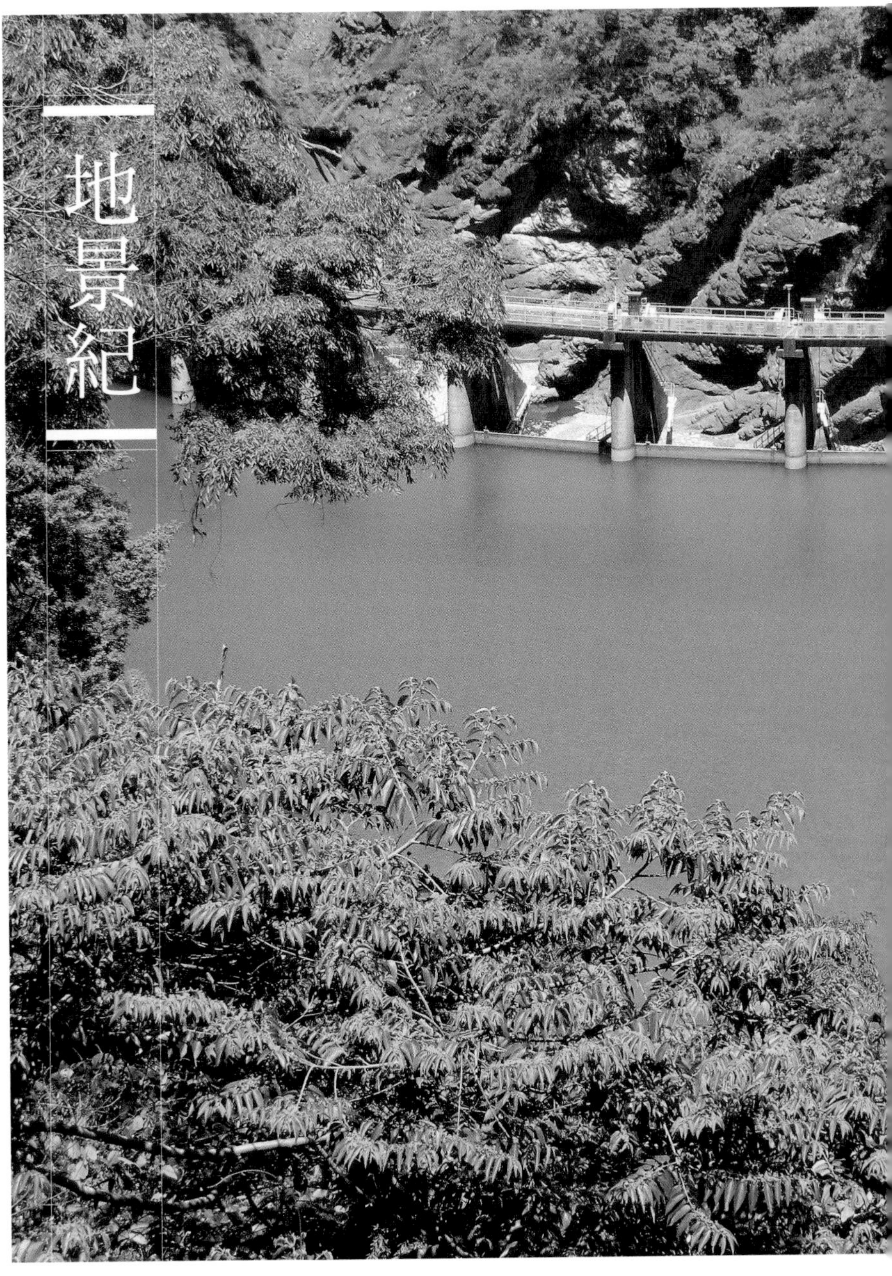

大漢溪流域・復興風光

大漢溪流域最長的復興區，境內拉拉山、插天山、角板山，看著湖光山色，真如仙境。

清奇傑特的角板山風光

復興是桃園市面積最大的行政區，位處東南方，占地三五〇・七七七五平方公里，約為桃園市總面積三分之一，人口約一・一萬，東鄰新北烏來，西銜新竹尖石，南接宜蘭大同，北毗桃園大溪，東北連新北三峽，西北依新竹關西。居民多為泰雅族，境內高山峻嶺，海拔在三百八十至二千餘公尺之間，為大漢溪流域最長的地域。

清末稱本地為夾板山，泰雅語稱Pyasan，是指物品交易場所。另有一說，是源出泰雅族頭目的名字Pyasan（北亞山），清末，因奮戰抵抗清軍攻

▲ 樂信瓦旦紀念公園

▲ 巴陵橋一二號隧道景觀步道

擊而亡，族人以名紀念。

直至日治期間，總督府征服本地，設為新竹州大溪郡番地，遂將地名改稱「腳板山」，有「腳踏之板」蔑意，後又稱「角板山」，戰後初設角板鄉，一九五四年，國民黨政府改稱復興鄉，二〇一四年十二月廿五日桃園縣改制直轄市，稱復興區。

本區於一九四五年初設七村，一九四八年西南角的玉峰村劃歸新竹縣尖石鄉，桃園設縣時僅留六村。現今前山轄區包括：三民里（Kyakopay基國派）、長興里（Kara竹頭角）、奎輝里（Keihui奎輝）、霞雲里（Yo-Habun優霞雲／哈盆）、澤仁里（Pyasan比亞桑／角板山，鄉治所在）、義盛里（Ulai小烏來）、羅浮里（Lahao拉號）；後山包括：高義里（Kauilan高義蘭）、三光里（Gogan高岡／合歡）、華陵里（Balong巴陵）。

▲ 羅浮溫泉

▲ 新溪口吊橋

日治時期的復興區開發有四稜、新興、高義、巴陵橋、小烏來等五處溫泉，除四稜和新興溫泉外，其餘均遭水利工程淹沒溪谷，巴陵橋溫泉於一九九七年被重新發現，命名爺亨溫泉。二〇一八年初，復有羅浮溫泉重生。

同時期，本區自水源地至洞口大都為茶廠，由「三井公司」經營，主要製造「日東紅茶」，運銷美國。農產有：五月桃、水蜜桃、香菇、桂竹筍、甜柿。春季，巴陵櫻花勝景冠蓋北臺。

■ 爺亨部落多梯田

地點：復興區三光里爺亨部落

爺亨部落位於北橫大漢溪畔，過巴陵大橋的下巴陵坡地轉光華道路，再過興漢橋進入，是前往尖石鄉玉峰村必經道路。爺亨擁有復興區僅次於角板山的第二大臺地，過去有「後山穀倉」美譽，至今仍保留山區部落純樸的原始風貌。

爺亨地處山谷，東南兩邊被山林遮蔽，上午時段陽光不易照射進來，因此泰雅語稱Ehan，為隱密之意。

爺亨部落最大的特色，在於保留日治時期為推行高山稻作所修築的梯田，層次分明的梯田，恍如田園仙境，使人悠然陶醉。曲線優美的梯田景觀，從爺亨部落對岸的三光山路取景，山巒、綠意、藍天、溪河，情景交融，實為攝影的最佳場景。

▲ 三光村爺亨部落

▲ 爺亨部落吊橋

▲ 爺亨部落梯田

▲ 爺亨部落梯田

當前的梯田已然改換種植水蜜桃，每年五月盛產的「媽媽桃」，品質優良，不亞於拉拉山水蜜桃，春夏之際，湧入爺亨部落摘果品嘗的遊客，車行如織。

▲ 爺亨部落媽媽桃

爺亨溫泉又稱軍官溫泉

地點：復興區三光里爺亨部落

三光里的高崗，泰雅語Gogan，意指山谷中溪流匯集的聚落，位於大漢溪兩岸，包括三光、爺亨、砂崙子、復華和武道能敢等部落，散居各山頭，其中，爺亨溫泉位於三光里爺亨，大漢溪旁，日治時期發掘，溪谷中的天然溫泉，水質清澈透明，屬鹼性碳酸泉，溫度約五十五度，不僅可泡湯也可當飲水用，具有治療神經痛、皮膚病及關節炎的功效。

日治期間的爺亨溫泉，白天僅限日本軍官使用，一般民眾必須趁夜摸黑才能進到溪谷享受溫泉浴，因此又有「軍官溫泉」稱號。

上巴陵一派青色山脈

地點：臺7線48.5公里處轉縣道桃116往拉拉山風景區上巴陵

源自泰雅語Balong的巴陵，地處北橫公路中點，依海拔高度分上、中、下

▲ 爺亨溫泉區

▲ 爺亨溫泉在大漢溪畔桃

▲ 上巴陵

▲ 上巴陵拉拉山

巴陵。「巴陵」為檜木或巨木之意，又稱巴龍、馬崙或巴崚。一九七三年，拉拉山發現神木群，從而成為北臺最知名的觀光勝景。

拉拉山，泰雅語「美麗」之意，一九七五年，失智政府易名達觀山，然，民眾仍稱拉拉山。

上巴陵氣溫舒適，空氣清新，四季山景變化萬千，坐落山頭平臺，環顧四周山林、薄霧，遠眺深淺不一的青色山脈，猶有世外桃源的原始寧謐與安詳清靜，蔚藍天空下微風輕拂，宛若詩意風情，人在高峰，如畫中仙境，很想把眼下清幽的青山綠水裝進口袋，與清涼空氣一起帶走。

上巴陵短距卻無比熱鬧的泰雅商店街、度假旅館、餐廳，充滿部落景致，這是前往拉拉山神木群的中途休憩站，每年四、五月蜜桃樹花開，燦爛花海渲染巴陵山頭，使人迷醉。

▲ 上巴陵聚落

▲ 上巴陵花房

▲ 上巴陵度假村

■中巴陵櫻木花道

地點：市道桃116山道上中巴陵

中巴陵位於華陵村東北方，巴陵山東側山腰，海拔一一六〇至一二二〇公尺間。

鄰近中巴陵教會，隱身於山林路徑的「櫻木花道」好比粉紅花海，且比櫻花隧道，是每年春季北臺遊客的賞櫻祕境，說是祕境，實則已是眾所周知的賞櫻勝地，山坡小徑各色櫻花簇擁成道，千島櫻開得最茂盛，還有緋寒

▲ 中巴陵

▲ 中巴陵山色

▲ 中巴陵櫻木花道

▲ 中巴陵以櫻花滿開著稱

櫻、富士櫻、昭和櫻、八重櫻、東方美人櫻、山櫻等，人在櫻樹下，感受清風吹拂，最是浪漫。

蘋果日報形容每年櫻花綻放的「櫻木花道」勝景，是「美炸了！」的旖旎風情，唷，櫻樹下飲一杯春日咖啡香，看櫻花雨飄瀟紛飛，不正是追櫻族春季的極致樂趣？

花開正盛，優閒賞花使人雅，每年櫻花季到中巴陵賞櫻，人潮絡繹不絕，一不小心就會把春天撞個紛紅駭綠，蓊勃香氣，花葉繁盛蔓延，到處飄動。

嗯，櫻木花道成為拉拉山的象徵，春天的拉拉山成為桃園的標幟。

巴陵古道生態園區

地點：拉拉山遊客服務中心（華陵村七鄰29號）

桃園市政府為保留全長一．二八公里的巴陵古道真面貌，讓民眾再見原始闊葉林、華香樹、巴陵石竹、血藤、垂懸樹身的樊尼蘭等植物，重新將巴陵大橋到拉拉山服務中心的古道連結，循線設立棧道與繩索吊橋，並將巴陵的地形地貌縮影在各生態館中，再與當地泰雅文化結合，讓遊客體驗自然與人文，了解拉拉山生態資源特色。

依照「玩全臺灣旅遊網」介紹，「巴陵古道生態園區」位於拉拉山旅遊服務中心對面，從遊客中心漫步天橋前

▼ 下巴陵拉拉山遊客中心

▲ 巴陵古道生態園區

▲ 巴陵古道生態園區

▲ 巴陵古道生態園區

來，以巴壟廣場為起點，沿巴陵古道依序參觀蝴蝶館、甲蟲館、闊葉林館、地質館等以拉拉山生態為主軸的展示館，展館應用原來的涼亭改造而成，小巧而豐富。再來是驚悚刺激的生態探索懸索橋、稜線步道、跨越臺七線景觀橋，然後是富含泰雅族文化的巴陵一號、二號隧道、巴陵吊橋，最後進到下巴陵商圈採買農特產、紀念品，生態豐富的巴陵古道搭配充滿人文特色的泰雅文化，絕對給人全新的拉拉山旅遊體驗。

正是，濃密的巴陵古道生態園區，傳述綠色自然之美。

巴陵橋見證玉峰溪與三光溪匯流大漢溪

地點：近臺7線 46.5 公里處，巴陵橋

日治時期的北橫公路稱「角板山三星警備道」，一九一四年十月，日方在巴陵建造「巴蘢鐵線橋」（バロン橋），一九六一年，國民黨政府重建北橫公路，拆除巴蘢鐵線橋，改建鋼構大跨度的拱形「巴陵橋」，赭紅色橋身，長一六〇公尺，是過去通往拉拉山的必經之道。

山勢險阻，巴陵橋兩端是由巴陵一號隧道與二號隧道貫穿連結，初建日治時期，主要為延續性公路工程的建設標竿，後來，進一步形成地勢險要的奇特橋梁景觀，橋上可見不遠處三光溪與玉峰溪匯流成大漢溪的壯

▼ 巴陵橋為一景觀步道橋

▼ 巴陵橋

闊水流。

具橋梁建築與技術價值的巴陵橋，現今成為景觀步道橋，入口一號隧道左側仍保存近十公尺高的竣工落成「巴壟紀念柱」，見證北橫從日治時期到戰後公路交通建設的歷史意義。

▲巴陵橋「バロン橋」紀念柱

巴陵一、二號隧道的泰雅文化走廊

地點：近臺7線46.5公里處，巴陵一、二號隧道

依循臺七線四六・五公里處，粉紅色橋身的巴陵大橋前，右側小徑可達紅色舊巴陵橋一號隧道和二號隧道。一號隧道入口觀景臺，立有「巴壟紀念柱」，為歷史地景。

巴陵大橋啟用前，一號隧道、二號隧道，是過去來往車輛通行的要道，如今，新橋出現，隧道和舊橋保留成為景觀步道。隧道內部改良重建作為介紹泰雅族文化的藝術走廊，雕刻、狩獵、生態環境、農產品、原生物種、

▲ 巴陵一、二號隧道

▲ 隧道內展出泰雅文化

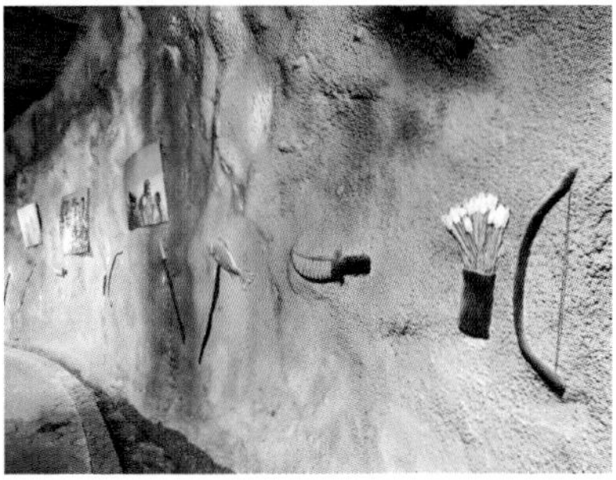

▲ 泰雅文化走廊

▲ 泰雅文化走廊

居住建築、傳統服飾，無不詳盡展現泰雅文化迷人丰采，還有，原住民畫家米路・哈勇（王志平）、伊凡・哆木（簡偉帆）在一號隧道和二號隧道油漆彩繪的〈守護〉、〈生生不息〉、〈原夜〉、〈重生〉壁畫，展現畫家對泰雅人文內涵的翩翩風情。

穿越日治時代以人力開鑿的隧道，在單向通行的巴陵橋上，觀賞兩座新舊橋梁交替傳承，兩條溪河在群山谿谷匯流的壯闊風貌，別具滋味。

■ 壯麗絕美的巴陵大橋

地點：近臺7線 45K+900M 處，巴陵大橋

巴陵大橋位於臺七線（北橫公路）

四十七公里處，橫跨大漢溪上游，海拔六四八公尺，是源頭玉峰溪與三光溪匯流的重要地段，溪河峽谷，曲線宏偉，氣勢磅礴；叢山險峻，蓊鬱森森，壯麗絕美，為巴陵新地標，是桃園通往宜蘭大同鄉棲蘭、明池，前往新竹尖石鄉玉峰、秀巒的轉運點。

二○○五年七月三十日通車的巴陵大橋，橋身桃紅色，象徵拉拉山名產水蜜桃的原鄉寓意。橋全長二二○公尺，為中路式繫索鋼拱橋，橋墩跨距長一八五公尺，寬十一・五公尺，最大高度三十七公尺，最大跨度一八五公尺，

▲ 伊凡・嗲木的壁畫作品

▲ 米路・哈勇的壁畫作品

▲ 隧道入口的泰雅畫布

車道寬七・五公尺，人行道每側寬一・五公尺，使人嘖嘖稱奇的建築工藝，是大漢溪流域跨距最長的橋梁，更是北橫公路三大名橋之首。

黃昏過後，肉眼就能清楚看到巴陵山脈上空，一望無際的銀河身影，載滿不斷眨眼的星星，閃爍夜空無比亮麗。星軌夜拍的攝影愛好者，列為最愛。

崩塌的巴陵攔砂壩

地點：大漢溪巴陵段

建於一九七七年的巴陵攔砂壩，高三十八公尺，長八十公尺，曾被列為巴陵著名景點，沿途水光山景宜人，是進入巴陵部落前，大漢溪迷人的水景色。

▼ 巴陵大橋

▼ 大漢溪起點巴陵大橋

▲ 大漢溪巴陵攔砂壩

▲ 被洪水沖毀的巴陵攔砂壩

巴陵攔砂壩原建於大漢溪巴陵段曲流隘口，水勢直奔而下，甚為壯觀。然，經過長期侵蝕，加上二〇〇七年九月韋帕颱風狂風暴雨挾帶崩落土石，把壩基掏空，沖出大面積裂縫，整座壩體崩潰，大漢溪上游集水區慘遭沖垮近三分之二，擁有四十餘年歷史的攔砂壩從此不復再見，反而成為大漢溪淤砂堆疊的大問題。

臺灣僅有的四座拱壩之一榮華大壩

地點：復興區榮華村近郊

榮華大壩位於北橫巴陵段，臺七線北橫公路卅四公里處，石門水庫大壩上游約廿七公里的大漢溪谷，一九八三年興建完工。壩體高八十二公尺，長一六〇公尺，屬於雙向彎曲變厚度混凝土拱壩，是目前臺灣僅有的四座拱壩之一，餘為德基水庫大壩、谷關水庫大壩、翡翠水庫大壩。

除供應農田灌溉之用，榮華大壩尚具發電、防洪、攔砂等多重功能，從北橫公路鳥瞰大壩坐落山谷間，雄偉壯麗，景色極具魅惑。

二〇〇四年，榮華大壩遭艾利颱風侵襲，承載淤砂量僅剩最初設計量的十分之一。二〇〇七年，韋帕颱風帶來豐沛雨水，造成榮華大壩上游十一公里處的巴陵壩右壩座基礎，遭淘空沖毀約六十公尺，原本巴陵壩攔阻的一千多萬立方公尺砂礫，全由榮華大壩概括承受。直到二〇一二年，榮華大壩淤砂率達九七%，幾近淤滿，基於地形因素，榮華大壩難以處理嚴重的淤砂，僅能採行水力排砂。

▲ 大漢溪最美的榮華大壩

▲ 榮華拱壩

▲ 榮華水壩地標

▲ 插天山

▲ 深秋插天山

原為大漢溪翠綠溪谷的美麗水景，因淤砂過重，往日盛景不復得見，殊為可惜。

自然保留區插天山之歌

地點：從小烏來第一登山口進入

標高一七二七公尺，占地面積七七．六平方公里的插天山，位於新北烏來區、三峽區及桃園復興區，屬雪山山脈北段，以拉拉山為中心，四周圍繞夫婦山、美奎西莫山、檜山、南插天山、北插天山、卡保山等，年降雨量三二九〇公釐，為重濕型溫帶氣候，孕育無數令人嘆為觀止的神木、山毛櫸林，森林資源豐富，是石門水庫主要集水區之一。

一九九二年三月，農委會成立「插天山自然保留區」，維護插天山稀有動、植物生態。

北插天山又稱塔開山，屬中級山，高聳入天，山中美景誘人，吸引不少山友攀登。

出生龍潭的小說家鍾肇政曾以插天山為背景，寫作《插天山之歌》，本書是作者著名《臺灣人三部曲》第三部。以一九四三到一九四五年，日本戰敗體制下的社會現狀，臺灣人如何待機再起的虛構小說。描述主角陸志驤留日期間，參與抗日祕密組織，後來輾轉漂流回臺，藏匿深山，展開逃亡生涯，並向農民學習農作、結婚生子、伺機再起的故事。小說不僅描寫男主角與女主角奔妹相識、相知到患難與共的愛情，更且塑造奔妹「大地之母」形象，更透過地理空間的描繪，呈現插天山山場做料仔、耕田、捉魚、釣鱸

▲ 鍾肇政著作《插天山之歌》

▲《插天山之歌》電影海報(謝森山繪)

鰻、種番薯等農耕經驗，是為土地勞動的生活之歌。《插天山之歌》出版後不久，被改編拍成同名電影。

水岸綠廊小烏來天空步道

地點：復興區義盛村四十二號，小烏來風景特定區

小烏來風景區擁有小烏來瀑布、天空繩橋、風動石、天空步道、義興吊橋等自然景觀，吸引不少遊客前來遊山玩水。「烏來」是泰雅語「溫暖泉水」之意。

位於小烏來風景特定區大門口，居高臨下的「寰宇平臺」觀景

▼ 小烏來瀑布

臺，可賞小烏來瀑布全貌，視野遼闊，以觀景臺為起點，拾級而下的「元氣步道」，通往小烏來瀑布，觸目盡是綠意盎然的山林與秀麗山谷，使人如置身桃花仙境。

步道位於宇內溪旁，沿途共伴潺潺水聲，欣賞水岸風光，再走上無障礙空間的平緩木棧道，進入風景區觀賞「風動石」與「天空步道」等景點。

風動石又稱「鬼石」、「平衡石」，二〇一三年七月，遭蘇力颱風侵襲，滾落溪床，巨大身影成為遊客目光焦點。知名的「天空步道」就在風動石旁，地處小烏來瀑布上方，以距離瀑布七十公尺高的強化玻璃橋面，延伸到小烏來

▲ 小烏來風景區宇內溪

▲ 小烏來風景區天空步道

▲ 小烏來風景區風動石

▲ 小烏來風景區天空步道

▲ 天空繩橋

瀑布源頭，湍流不息的瀑布清晰可見，恰是挑戰民眾膽識，以及實現漫步天空的夢想。

這是綠意森林的遊山活動，沿「水岸綠廊步道」一探「天空繩橋」，再探「天空步道」，小烏來風景區充滿驚豔魅力。

永恆獵場的義興吊橋

地點：復興區臺7線 22.4 公里處

一九六六年興建的義興吊橋，長二百公尺，距大漢溪河床高度七十公尺，是桃園市唯一水管橋，原為引水灌溉附設的水管，二〇一三年吊橋整修後，承載量增加，安全性增強，通行人數從過去單次十人提升到一百人。

站在鐵網橋身、木板鋪面的吊橋，俯瞰大漢溪流過橋下，潺潺水聲，悠悠人心，每年逢四、五月尚有桐花點綴河岸群山。從小烏來風景區「水圳古道」串連天空步道走到義

▲ 義興吊橋

▲ 義興吊橋下大漢溪

▲ 義興吊橋

興吊橋，全長一・八公里，是早期泰雅族引龍鳳瀑布水源到羅浮河階灌溉的水圳路徑，途經峽谷、竹林等生態景觀。

史詩電影《賽德克・巴萊》，劇終勇士們站上彩虹橋，表示為自由而戰的那條橋，就是義興吊橋，這條通向永恆獵場的彩虹橋，兩側大漢溪壯麗美景映入眼簾，既神聖又美好，值得走一遭。

■ 羅浮溫泉一條街

地點：復興區羅浮里五鄰 140 號，羅浮泰雅故事公園

設置在「泰雅故事公園」的

▲ 羅浮溫泉

羅浮溫泉，自二〇一七年八月成功挖掘第一口溫泉井，每日取水量一一〇噸，安置在三大、三小泡腳池，泉質為碳酸氫鈉，酸鹼值接近中偏鹼性，呈無色透明，泉溫三七・三度，俗稱「美人湯」，水性滑嫩。

桃園觀光旅遊局長楊勝評指出，二〇一七年底已發包開挖二號井，正探測開鑿泉井方位，同時興建羅浮與義盛汙水處理廠，兼顧觀光與生態，預計完工後可再提供一五〇噸水量，供應羅浮泡腳池和溫泉街民宿、旅館使用，市府既定目標是打造羅浮成為「溫泉一條街」，推動溫泉民宿，讓遊客可以透過兩天一夜的旅遊，體驗泰雅人文及溫泉生態，一併探索北橫山林之美。

羅浮溫泉鄰近義興吊橋，以及小烏來風景區的瀑布、水圳、古道、天空步道、大漢溪水岸風景等，再連結角板山、新溪口吊橋，成為泰雅部落人文、生態旅遊的新景點。

溫泉區還設有泰雅美食農特產攤位，比亞山23度C的臺灣鯛、溪口部落的咖啡、拾蜜農園的薑茶、綠色莊園的有機蔬菜、拉拉山的椴木香菇等，一

▲ 泰雅故事公園

▲ 泰雅故事公園溫泉區

▲ 羅浮溫泉泡腳區

邊泡腳一邊品嘗咖啡、欣賞迎面而來的綠林山景，能不愜意嗎？

樂信·瓦旦紀念公園

地點：復興區羅馬公路118號（復興區羅浮到關西馬武督，謂之羅馬公路）

位於羅馬公路起點右側的樂信·瓦旦紀念公園，馬路側邊設計了一面懷舊照片牆，記錄「還我土地運動先驅」樂信·瓦旦的生平。樂信·瓦旦是泰雅考列克族人，新時代菁英，他的人生境遇不僅象徵泰雅族近代史的縮影，更是臺灣原住民族經歷多重殖民的史實寫照。

「樂信·瓦旦紀念公園」原是樂信家族於一九九三年自建的公園，也是復興區第一座為白色恐怖受難者建立的公園，二〇一七年八月

▼紀念公園內布置有樂信瓦旦生平事蹟

▲ 樂信瓦旦紀念公園

▲ 公園內的瞭望臺

▲ 樂信瓦旦雕像

由市政府斥資整建落成。

紀念公園矗立一座木製眺望臺，可瞭望羅浮美景，遠眺樂信・瓦旦的祖居地三峽插角大豹社。園區還展示樂信・瓦旦生平事蹟的大型看板、銅像。

以泰雅圖騰設計的紀念公園，使人景仰泰雅族領袖，也是最早接受現代醫學教育、推動原住民醫療觀念、第一屆臺灣省臨時議會議員、積極為族人爭取權利，卻在白色恐怖時期成為政治受難者的泰雅族英雄。

▲ 復興橋為一景觀步道橋

前身稱為拉號橋的復興橋

地點：復興區臺7線21公里處

北橫公路大都沿大漢溪而行，山谷交會處建置有設計感濃烈的鐵橋，著名的巴陵橋、復興橋、羅浮橋並列「北橫三橋」。

橫跨大漢溪流域的復興橋，長一五〇公尺，橋身顏色不定時變化，時而淡紫、淡綠、粉紅，這座橋於一九九〇年代停用，被規畫成風景區，橋身周圍設置有徒步區、觀景臺，走上鐵橋不僅能俯瞰大漢溪流美景，還可沐浴在綠林的清雅氣氛中，或走進彼端部落，看看幽夢般的村落景致。

如今，橋身裝飾了LED燈，拼裝出泰雅文化的菱形圖騰，夜晚時分，七彩光廊的繽紛燈火倒映大漢溪，璀璨無比。

復興橋的前身名為「拉號吊橋」（拉號的泰雅語為「橫跨」之意），原本是一座簡易鐵線橋，僅能通行單車和行人，一九六三年北橫拓寬時新闢單向車道，一九六六年通車，一樣阻塞，後來，交通單位又在橋旁新建羅浮橋，復興橋功成身退，轉化為景觀步道橋。

螺栓式上承鋼拱橋的羅浮橋

地點：復興區臺7線21公里處

早年的羅浮里因山勢險峻，僅有一九六六年建造的復興橋可供通行，但是，這個地段因處在北橫公路通往石門水庫風景區、角板山、拉拉山、巴陵、

▼ 復興橋和羅浮橋新舊二橋相逢大漢溪

▼ 復興橋

▲ 羅浮橋

▲ 羅浮橋

▲ 羅浮橋

棲蘭、明池等旅遊景點的要道，尤其假日車輛壅塞，使人苦惱。

為了紓解復興橋繁忙的車流量，交通單位又在復興橋東南方，新建長二百三十公尺的紅色「羅浮橋」，便於疏散擁擠車流。

羅浮橋的通車時間有兩種版本，一說一九九二年一月、一說一九九四年七月，連交通部資料也未詳細明載。羅浮橋完工通車後，被列為東南亞跨徑最大的螺栓式上承鋼拱橋梁，時任臺灣省政府主席黃杰到此巡視，見景色與廣東羅浮山相仿，音也相似，便以「羅浮橋」命名。一個地段兩座吊橋，羅浮橋、復興橋，一拱一彎，輝映成趣。

星光燦爛的基國派老教堂

地點：復興區三民村十八鄰96-3號

建於一九六三年的「基國派老教堂」，坐落三民村大窩（Tuba）部落，是一座別具匠心的建築。初期由地方長老發動族人自發性興建，做為啟蒙與教化泰雅住民的教育場域。

教堂屋頂原本採用竹材建造，因當

▼ 基國派老教堂

▲ 基國派老教堂流星（照片／何南輝攝影提供）

▲ 基國派老教堂內部一景

▲ 基國派老教堂壁畫

代防腐技術不足，不出五年，教堂毀壞難復，後來在美國傳教士孫雅各牧師建議下，集合村民力量，從蝙蝠洞河岸撿拾大石材，一塊一塊挑上山，重新興建，一九九四年，終於合力完成今日世人所見，堅固又具特色的「基國派老教堂」樣貌。

當年設計師以「通往天堂之鑰」的理念設計，因此，教堂的圓形拱門入口，怎麼看都像鑰匙孔一樣。屋頂十字架，由黃榮泉牧師以鋼筋混泥土材

▲ 三民蝙蝠洞(照片/桃園市觀光局官網)

質打造，線條細膩，屹立頂端超過半個世紀。

年久失修的「基國派老教堂」，屋頂破損，幾乎被掩蓋在荒煙蔓草中，後來透過文化局奔走，予以整修，重新修築後的「基國派老教堂」，因外觀獨特，入選內政部「臺灣宗教建築百景」之一；其特殊造型與周邊適意的自然環境，成為攝影愛好者最愛的場景。

三民蝙蝠洞滴落泉水

地點：復興區三民村基國派 101 號

三民蝙蝠洞位於三民村東側五寮溪谷，是一處擁有天然巨岩的山洞，曾吸引大量蝙蝠到此棲息，洞口上方泉水不時滴落，所以又有「水濂洞」美譽。

位於溪谷的蝙蝠洞，地形粗獷原始，山洞

地面因布滿蝙蝠遺留下的糞便堆積而成的紅土，平添神祕氣氛。

據稱，當地居民尚未發現蝙蝠洞之前，這裡是蝙蝠棲居的天堂。好景不常，約在一九三一年，當地居民發現後，蝙蝠被視為佳肴而遭射殺熏烤，後來加上不少喜愛登山的遊客慕名而來，導致蝙蝠無處可棲，相繼遷移他處，數量銳減，幾近絕跡。

如今，探訪三民蝙蝠洞，只能在山洞內以探險方式遊走，看山岩嶙峋、聽水聲潺潺，別具風情。

■ 六〇年代文青的角板山公園

地點：復興區澤仁村中正路 133-1 號

▼ 三民蝙蝠洞口成半圓形（照片／桃園市觀光局官網）

▼ 三民蝙蝠洞

▲ 角板山公園商圈

▲ 角板山公園

▲ 角板山公園內的青年活動中心

▲ 角板山公園

角板山公園位於角板山西南側，海拔四三六公尺，占地六公頃，又名「復興公園」，有「臺灣盧山」之稱，園區種植十數棵高大楓樹，每屆深秋，楓紅層層，互相輝映，顯露一片豔紅火海，冬季時，園區梅花遍布枝椏，紛紜綻放，加上古松巨樹林立，引人佇足觀賞。山下大漢溪環繞兩側山巒，視野遼闊，無不教人心曠神怡。

每到花季，園區一片紛紅駭綠，使人動容，園區尚留蔣介石行館四棟，警衛與隨從人員房舍

▲ 角板山戰備隧道

▲ 角板山行館

▲ 角板山公園樟腦特展館

三棟，樟腦特展館、樟腦收納所遺址、活動中心、梅園、雕塑公園、戰備隧道，美景當前。

角板山公園、溪口、霞雲一帶，曾是民國六、七〇年代，救國團舉辦各類冬、夏令營，最多當代年輕人前往參與活動的場所，戰鬥營、文藝營，無不跟園區內的活動中心關係密切，還有，角板山商圈小街也是活動課程之外，學員最愛閒逛的地方。

臺灣最長懸索橋「新溪口吊橋」

地點：復興區澤仁里中山路８號

著名的溪口吊橋，是連結角板山臺地與溪口臺地的老吊橋，一座繩索細長又古舊的吊橋，靜靜躺臥大漢溪四十多年。走上吊橋，唯一可觀賞的便是壯闊大漢溪河谷的水景風貌。

四十多年歷史，溪口吊橋的橋身已然滄桑老去，不堪使用，桃園市政府在原址新建一座吊橋，稱「新溪口吊橋」，長三〇三公尺，兩邊橋頭高低差距廿三公尺、寬度一・二公尺，是全臺最長的懸索

▼ 臺灣最長懸索橋「新溪口吊橋」

橋。因造型新穎，又有稱「吊床式吊橋」。

這條新吊橋歷時三年半工程期，主體及周邊工程經費二億元，採單向通行，由角板山步道入口處起，過吊橋到溪口臺地出口處，單日限額二八〇〇人，沿途見識大漢溪與群山環抱的壯觀景色。

二〇一八年一月十三日重新加入觀光景點陣容，成為跨越大漢溪，連結兩座臺地的新溪口吊橋，引用紅綠相間色彩，象徵泰雅圖騰的吊橋，懸在山崖之間，極其壯麗。

▲ 溪口臺地

▲ 新溪口吊橋

▲ 角板山公園遠眺溪口臺地

▲ 溪口臺地

溪口臺地賞大漢溪急轉彎

地點：復興區羅馬公路溪口部落

溪口臺地的名稱，因詩朗溪從對岸注入大漢溪成溪口而得名。泰雅族稱拉號（Rahaw）。

約二〇〇年前，泰雅族由羅浮里的高坡，翻山越嶺搬遷到溪口臺；日治時期，下溪口臺與上溪口臺都為溪口社人居所，後來族人又遷徙到羅浮里，導致村里荒廢。昭和二年（一九二七），志繼社於日警安置下，由頭目Apaw-syat從霞雲里率眾三十戶、一百二十一人遷居於此，成為現今溪口部落。

溪口臺地是大漢溪流經角板山南面，河道急遽轉彎形成的三角形臺地，臺地有四層臺階，上兩層為梯田、下兩層為草坪，第三層還有小公園，是地理教學的最佳戶外場域。居民大都為泰雅族。

由角板山公園可清楚眺望近在咫尺的溪口臺地，山光水色，盡在眼下。

從澤仁村新溪口吊橋起頭走上兩側拉高呈Ｍ型，標高二五二至二七五公尺之間，行走其間會產生律動，享受完全飽滿刺激感的新吊橋到溪口臺地，彼端橋頭小市集忽然

▼ 大漢溪圓弧急轉彎

▲ 新溪口吊橋，長 303 公尺 >

▲ 溪口部落

▲ 溪口部落

跟著忙碌起來，過去清閒的溪口部落，因為新吊橋的誕生而熱鬧不已。

不錯，原來舊溪口吊橋的橋墩依然被完好保存下來，作為「古蹟」緬懷之用。

■ 桃源仙谷花田多草本植物

地點：復興區長興里上高遶八鄰 5 號之 1

二○○二年二月開放營運，占地二百公頃的桃源仙谷，位於復興區邊陲長興里上高遶，鄰近新竹關西，是

▲ 桃源仙谷花海（照片／劉正偉提供）

▲ 桃源仙谷入園口

▲ 復興區與關西鎮交界

一處培植多種花草樹木為主的園區，以一百公頃造林聞名，種植二萬株山櫻花、梅花等二千多種草本植物，以及品種多類，數十萬朵的鬱金香花海著名。每當冬、春鬱金香盛開，遍地花海，鮮豔亮麗的點綴桃源仙谷美不勝收，賞花遊客絡繹不絕。

除了園區內滿

山滿谷大片鬱金香花田之外，歐式鄉村田園尚設置有渾然天成的奇岩怪石、小橋流水、瀑布，供人玩賞，每年十二月到三月間，桃源仙谷沿途的羅馬公路，因花開季節，連帶成為名副其實的花園公路。

石門水庫

地景紀

大漢溪流域・龍潭丰采

龍潭湖又名龍潭大池，是龍潭的地標；鍾肇政的小說《魯冰花》，是臺灣文學的象徵。

龍潭陂上魯冰花

龍潭舊稱菱潭陂、靈潭陂、龍潭陂，總面積七五・二三四一平方公里，人口十二萬餘，位居桃園市南方，鄰近平鎮、楊梅、大溪；新竹新埔、關西。因街市中心的龍潭大池而得名，居民大都為客家人，轄區分置卅一里，共八百九十三鄰。

「龍潭」地名由來，與龍潭地標「龍潭大池」有莫大關聯。據稱，原來的龍潭大池，水面遍布野菱，先民稱之「菱潭陂」，相傳泉穴有白石，即使歷經多次旱象，大池始終保持一定水量，久旱不雨時，只要在潭邊祈雨即降

▲ 龍潭大池

甘霖，先民深感靈驗，便於池畔建「靈廟」，稱潭為「靈潭陂」。後人又發現潭中有龍出沒，改稱「龍潭陂」，或稱「龍潭莊」，龍潭地名從此沿用至今。

龍潭地理海拔一五〇至二三〇公尺，東南地勢高，西北低，以石門為起點向西北放射成數階段漸次傾斜至臺灣海峽，地形顯得複雜，大致分為以銅鑼灣及店子湖為主的丘陵區，以及以龍潭為主的平原兩大部分。

由於保存諸多傳統農村景觀，種植茶葉、稻米、有機蔬菜、魯冰

▲ 客家文化館

▲ 三坑老街

▲ 魯冰花園區

花等，其中東方美人茶、龍泉茶、桃映紅茶、龍泉米等知名茶葉被列為特產，又因緊鄰石門水庫，石門活魚、客家名菜及季節性農產品三坑茭白筍等，深受歡迎。

龍潭位居國道三號高速公路旁，交通便捷，加上得天獨厚的優越地理，山巒起伏、視野遼闊、空氣清新、茶園綿密，分布各處的名勝包括：石門水庫、龍潭大池、聖蹟亭、大平紅橋、三坑老街、大平聚落等，觀光資源豐富。

二〇〇五年，《天下雜誌》舉辦三萬名網友針對全國三一九鄉鎮票選最具特色的鄉鎮，龍潭榮獲第一名、最有品味的鄉鎮第二名、微笑之鄉第三名、最令人有幸福感的鄉鎮第三名，並榮膺臺灣十大理想退休地點之一。

■ 畢業旅行到石門水庫

地點：龍潭區民富街石門水庫收費站

石門水庫位於大漢溪中游，是北臺灣主要水庫之一，坐落桃園市復興區、龍潭區與大溪區、新竹關西鎮之間，由於溪口處有雙峰對峙，狀若石門，因而得名。

曾經是遠東最大水庫，採土石堤岸型壩

▼ 石門水庫

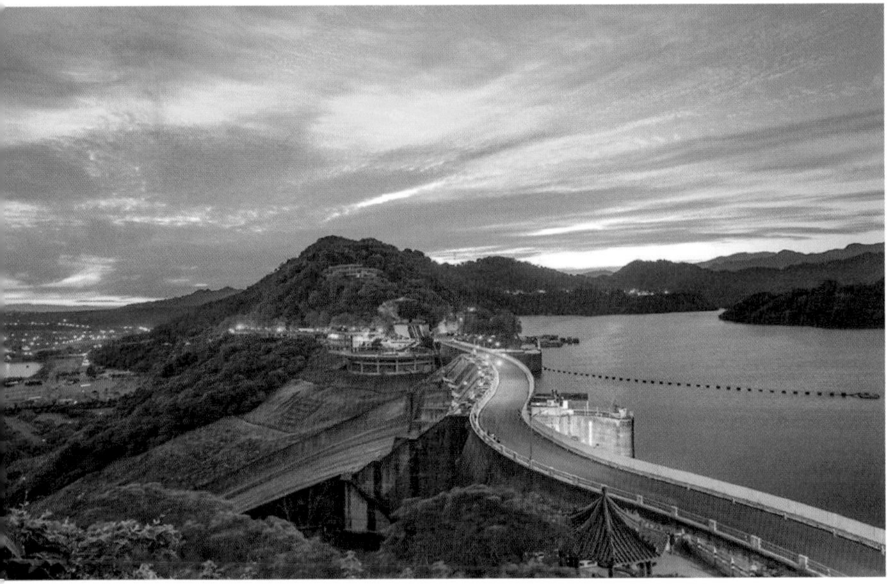

▲ 石門水庫（照片／桃園市觀光局官網）

體，攔截大漢溪蓄水而成，是臺灣第一座多功能水庫。海拔一四〇到三〇〇公尺，陸域面積八三五公頃，水域面積八〇〇公頃以上，最大深度二四九．五公尺，庫容量三億九一二萬立方公尺。湖光山色，風景秀麗，對外可連接十幾個旅遊景點，園區綠樹成林，有自行車步道，也有環湖遊艇。

石門水庫風景區觀光資源豐富，依山閣資料館、環翠樓、溪洲、坪林、槭林、蝶苑、茄苳林、大壩、溢洪道、遊湖碼頭、溪洲公園、槭林公園、南苑生態園區、環湖步道等，因擁有完整林相，自然生態完整，過去曾是學生遠足、畢業旅行必訪的觀光勝地。如今，桃園市政府更將規畫石門水庫結合觀光及運動兩大領域，讓大漢溪流域成為慢跑、自行車等運動旅遊地景。

空氣清淨、山青水明、山明水秀，是人們對石門水庫的形容。

■ 佳安十一份美國工程師宿舍群

地點：龍潭區佳安西路、佳安東路

鄰近石門水庫的佳安十一份，日治時期為一街庄，稱「十一份庄」，至今仍保留興建水庫時，美國工程師居住的宿舍群，目前由主管單位北水局委由桃園市政府規畫為石門水庫特景區。

這是一條蘊含歷史感的舊街，歲月在這裡斑駁、圍牆在這裡褪色。

簇擁排列在街巷的佳安社區宿舍

▼ 佳安十一份水利署北區水資源局

▲ 佳安十一份美國工程師宿舍群

▲ 佳安十一份宿舍群

▲ 集福宮土地公廟

群，臺式紅磚屋、美式白牆屋、林蔭大道，易於使人燃起念舊情懷，這裡曾是《我的少女時代》、《光陰的故事》等電影的取景地，更是戲迷的熱門追劇地景。

坐擁一百五十年歷史，前有舊稱石門水庫管理局的「水利署北區水資源局」大草坪的集福宮土地公廟，據稱十分靈驗，是水資源局的員工經常前往參拜，祈求降雨、石門水庫不乾涸的廟宇，有「石門水庫鎮庫之神」雅稱，不遠處是著

▲ 三坑村大平里紅橋

名「活魚一條街」。

佳安里成為龍潭的懷舊地景，市政府打算分兩階段進行佳安市場和周邊宿舍群修繕工程，加入共創工坊、文創學堂、市民文創市集和新型關懷據點，結合當地有機生活，發展「十一份文創園區」，期使占地空曠的宿舍群不僅是活魚一條街，更是文創一條街。

■ 打鐵坑溪流過大平紅橋

地點：龍潭區三坑村大平里，或石門路 55 巷進入

日治大正十二年（一九二三）建置的大平里紅橋，是一座由紅磚建造的五孔拱橋，橋身長十餘公尺，流經紅橋下方的打鐵坑溪，發源石門山，屬大漢溪支流。

▲ 紅橋風景區

▲ 紅橋

採用與桃園大圳工事相同材料的清水磚，再用水泥石灰膏摻入糯米水固磚，興建而成的紅橋，當地人稱「糯米橋」。由日治時期的庄役場（區公所）補助，配合陸昌義、張金城、張鼎生、葉標成等鄉紳發起，大倉組營造場負責建造，這座專司聯絡三坑子與大平里的橋梁，二〇〇三年被登錄為桃園市定歷史建築，由於景色秀麗，猶如畫中仙境，向來以「紅橋、流水、釣叟」聞名遠近。

大平紅橋曾被票選為「臺灣歷史建築百景」第六十五名，橋身造形優雅，風姿綽約，迄今完好如初，周遭自然美景，農地、菜圃、山徑、古道、水池、石門草莓園，一派田園景致，是大漢溪流域的親水休閒勝地。

■ 龍潭第一街三坑子老街

地點：龍潭區三坑子

三坑子的起源必須追溯康熙年間，陸細番對龍潭的開發，直到乾隆九年（一七四四）才有漢民移居。地理形勢為一河階地形，上有三條河流分別注入大漢溪，在臺地形成三處坑谷，所以稱三坑子。

被喻為龍潭第一街的三坑子，是地地道道的客家村，曾經是大漢溪河道最繁忙的碼頭庄，熱鬧無比。日治時期，隨桃園大圳竣工、大漢溪水位驟降，三坑子的商業功能隨之式微。

三坑子老街的範圍，大致以永福宮為聚落核心，向外至「黑白洗」為止，呈現外窄內寬的型態，饒富古味。老街

▼ 三坑老街

▲ 三坑老街洗衣水渠

▲ 三坑老街

▲ 永福宮

的永福宮，是三坑村民的信仰中心，建築風格樸實，廟頂二龍三仙，意為由二龍守護福、祿、壽三位神仙，從廟宇的古樸石柱，足以見證三坑子滄桑的歷史。

永福宮領域不大，歷史卻悠久，建於乾隆九年（一七七四），主祀客家族群的「三山國王」，後來，緣於部分福佬人遷入，永福宮才同時奉祀三官大帝。

保留舊有步廊式建築風格的三坑老街，街道格局狹窄又彎曲，刻意做成

▲ 三坑自然生態公園

彎路，好讓盜匪宛如進到迷宮，出入困難，這是客家庄的特色。

從大溪月眉至三坑水岸觀光綠廊是以大溪石門大圳與三坑老街為端點，可一次體驗埤圳風光、農野景致以及人文老街等多重樣貌，這裡曾是電影《大尾鱸鰻》、《愛讓我們在一起》拍攝地。窄短的老街，特色小店販賣客家特產，菜包、草仔粿、牛汶水、桔醬等。

三坑自然生態公園看大壩

地點：龍潭區三坑里大漢溪堤防旁

三坑自然生態公園的位置，日治時代曾是繁忙的渡船頭，後因河道淤塞，水運沒落，再加砂石場盜採砂石後任意回填廢棄物，嚴重破壞當地自然景觀，後由內政部營建署設計規畫，引入石

▲ 三坑自然生態公園

▲ 三坑自然生態公園河堤

▲ 河堤可見石門水庫大壩

門大圳水源，改善周邊植栽綠化，打造成為波光瀲灩、蓊鬱青翠的生態公園。

公園位於石門水庫大漢溪畔，占地三．八公頃，是以廣大的生態池與周邊草坪為主體設計而成，全區採用生態工法建造，大量種植原生花草樹木，融合為自然景觀。休憩公園有涼亭、拱橋、戲水渠道等設施，還可串連三坑自行車道，唯一具有運動功能的休閒空間。

公園鄰近水庫大壩，湖

▲ 客家文化館

光山色層層綿延，連接池畔大片斜坡綠地，營造出恬適、優閒的氣氛；秋天臺灣欒樹點點嫩紅，為充滿綠意的樹林增添些許色彩，風景明麗，豐富的水岸生態，成為龍潭山明水秀的地景。

公園旁為大漢溪堤坊，沿石階登上河堤，可遠眺石門大壩與大漢溪沿岸風光；公園後方連接三坑鐵馬道，長六公里。沿途三坑泉水、蝴蝶花廊、咖啡林道、桐花小徑等地景，十分耀眼。三坑生態公園之後，再過去，就是大漢溪中游後段的大溪了。

文學的桃園客家文化館

地點：龍潭區中正路三林段 500 號

桃園市客家文化館於一九九八年著手籌

▲ 客家文學館

建，主體建築二〇〇五年完工，二〇〇八年三月陸續開放展場供民眾參觀，二〇〇八年八月正式營運。被定位為「全球華人客家影音中心」的客家文化園區，結合文化保存、展示、教育、休閒娛樂等多功能用途，以客家文學與客家音樂為館舍主題。

館方建築包括特展室、客家文學館、客家音樂館、鄧雨賢音樂展示館、鍾肇政文學展示館、影像資料館、視聽簡報室、演藝廳、志工室等空間；戶外空間則規畫有生態水池、九龍書房及庭園造景。是一座占地寬廣的文化園區。

桃園為全國客家第一大市，龍潭是

▲ 客家文化館廣場

▲ 客家文學館

▲ 客家文學館

客家人的主要聚落，客家文化館設立龍潭別具意義，文化館位於龍潭陸軍司令部對面，主要呈現客家文化、古文物展覽，以及各項客家演藝活動，期望成為唯一完善保存客家文學與音樂的綠洲。

文化館常年舉辦各類客家文學、音樂與藝術活動，充分讓到訪民眾親身體驗「參與式博物館」的新文化模式，並深刻感受客家文化的特色。

■ 三面環山的龍潭大池是天然埤潭

地點：龍潭區中豐路上林段115巷11號

龍潭大池位於龍潭區，西北臨龍元路，東北臨神龍路，西南臨環湖路。隔著神龍路的對面是龍潭國小及龍潭高中。

占地十八甲的龍潭大池，過去因池中長滿野生菱角，被稱「菱潭埤」，後有鄉民建廟，又稱「靈潭埤」。日治時期稱「龍潭埤」，現稱「龍潭大池」，是龍潭著名地標。清乾隆十三年（一七四八）平埔族人「知母六」截堵溪水，形成埤塘，引水灌溉，這口埤塘即是現今龍潭大池，後有民間人士在潭中小島興建「南天宮」，成為遊客聚集的休閒遊憩區。

龍潭大池的湖濱公園、九曲式忠義橋，深具特色，西北側建有「雨賢館」，紀念一九〇六年出生龍潭的音樂家鄧雨賢；池畔另有小說家鍾肇政手書「龍潭故鄉」石碑。

▼ 龍潭大池

▲ 龍潭大池

▲ 龍潭大池鍾肇政文學碑

▲ 龍潭大池

夜晚的大池在燈光烘托下，顯得極其燦爛，是情侶喜愛的約會地點。二○一七年二月，這裡曾是桃園燈會「幸福起家」所在地，燈會期間，每日數以萬計的人潮匯聚於此。

■ 龍潭大池雨賢樓

地點：龍潭區中豐路上林段115巷二號

為感念明治三十九年（一九○六）出生桃園廳中壢支廳安平鎮區山仔頂庄麻園堀（今龍潭

▲ 龍潭大池雨賢樓碑

區與平鎮區交界處，龍潭八德村大庄），被譽為「臺灣歌謠之父」與「臺灣民謠之父」的鄧雨賢，龍潭大池西北側建有一座「雨賢樓」，雨賢樓前立有小說家鍾肇政手書「望春風碑」，樓旁立有鄧雨賢半身雕像，雕像底座標題「龍潭的傳奇人物－鄧雨賢」，一則感念鄧雨賢以音樂反映對時代、民族的情懷，再則豐富龍潭的藝文氣息。

鄧雨賢，家世顯赫，家族多數從事教職，祖父鄧逢熙，學問淵博，父親鄧旭東先生擔任臺灣總督府國語學校漢文教師，舉家遷居臺北。三歲隨父遷移臺北，開啟他接觸河洛話，日後創作無數臺語名曲的契機。

一九二九年，因嚮往音樂，毅然辭去教職，

隻身赴日，在東京音樂學院進修，潛心研習樂理，於此展開作曲生涯。

一九四〇年，受戰爭與唱片業蕭條影響，舉家遷居新竹芎林鹿寮，與妻子鍾有妹在新竹芎林公學校任職。一九四四年，因心肺疾病病發，病逝竹東醫院，英年早凋，時僅三十九歲。他對保存臺灣音樂文化的貢獻，足為後人楷模。

▲ 龍潭大池雨賢樓碑

▲ 龍潭大池雨賢樓

▲ 鄧雨賢

▲ 鍾肇政文學生活園區

▲ 鍾肇政文學生活園區

▲ 鍾肇政文學生活園區

〈四季紅〉、〈月夜愁〉、〈望春風〉、〈雨夜花〉，合稱「四月望雨」，為鄧雨賢代表作，龍潭人引以為傲。

■ 鍾肇政文學生活園區

地點：龍潭區南龍路11號

被譽為「臺灣文學之母」的巨擘鍾肇政，一九二五年，出生龍潭九座寮客家庄，居住期間，創作長篇小說《魯冰花》、《濁流三部曲》、《臺灣人三部曲》、《高山三部曲》等，是臺灣首位完成大河小說的作家。

桃園市政府為連結修復龍潭武德殿及龍潭國小七連棟日式宿舍，於民

▲ 龍潭國小

▲ 鍾肇政文學生活園區武德殿

▲ 鍾肇政與文學作家合影

國一〇五年向客委會申請「鍾肇政文學生活園區整體修復工程」計畫，總經費四千五百一十九萬三千元，規畫建置「鍾肇政文學生活園區」，目的在於保存鍾肇政在此生活、創作的空間意象。館舍並將常態性展出鍾肇政作品，更結合龍潭國小教學場域，打造臺灣文學與客家文化的文學生活園區，其中三號宿舍館供作旅遊服務中心，五、七號宿舍館

▲ 鍾肇政文學生活園區

規畫為文化展覽空間，九、十一號宿舍館規畫展出鍾肇政寫作生活及文學創作特展區。

為兼顧歷史建築風格及式樣精緻度，並使內部陳設及展示空間現代化，讓園區成為臺三線重要文化地標之一，設計時特別凝聚龍潭在地歷史記憶與文化意象，期使成為以臺灣文學為主題，融入常民生活的藝文據點。

這裡曾被文學評論家張良澤教授譽為「戰後臺灣文學發祥地」，也是蘊釀鍾肇政重要文學作品的創作空間。

大北坑魯冰花園區

地點：龍潭區三水里六鄰大北坑街

魯冰花又稱「羽扇豆」，薔薇目、豆

科、羽扇豆屬植物，花期三到五個月。羽扇豆發音與臺灣話「路邊的花」相近，被視為「客家母親花」，每年二到三月綻放時，魯冰花遍布山野，景色秀雅。

鍾肇政小說《魯冰花》，如一首淒美而深沉的史詩，描寫一對歹命姊弟，母親因操勞過度早死，父親靠租借鄉長的地耕作，勉強維持家計，生活艱困。弟弟古阿明生性活潑，學習成績不好，卻有畫畫天分；姊姊古茶妹懂事、體貼。

▼ 大北坑魯冰花園區

▲ 大北坑魯冰花園區

▲ 大北坑魯冰花園區

▲ 大北坑魯冰花園區

小說故事從擁有繪畫天賦，卻得不到讚許的少年古阿明說起，寫到不被周遭環境理解，不幸染病早夭的淒美故事。

小說改編電影後，轟動全臺，榮膺第廿六屆金馬獎最佳女配角、最佳電影插曲獎，以及第四十屆柏林影展人道精神特別獎。

象徵「客家母親花」的魯冰花，最早種植於龍潭大北坑社區，所以大北坑又稱魯冰花的故鄉，大北坑社區是客家茶鄉，培育遠近馳名的「東方美人茶」。農民利用採收後的茶園走道，種植大量魯冰花，今日龍潭的三大花區，大北坑農業花區、三水創意花田、三和魯冰花祕境，由當地社區民眾在大北坑共同種植近十三公頃的魯冰花，成為當地花田特色，每一年花期，這裡成為魯冰花海，漫山遍野的黃白藍三色魯冰花更是每年「戀戀魯冰花節」的大展場。

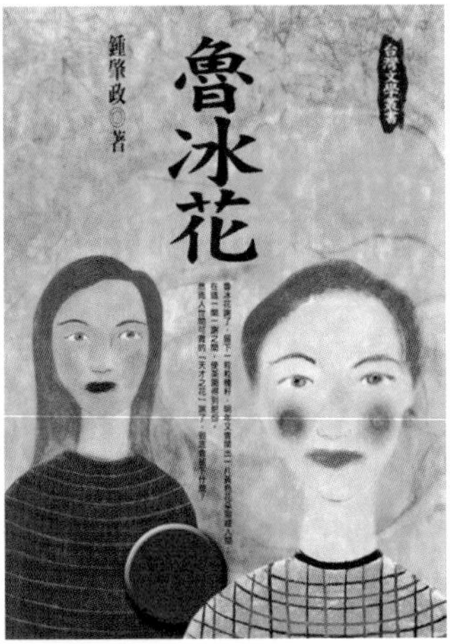

▲ 鍾肇政小說《魯冰花》

▲ 鍾肇政小說電影《魯冰花》

大溪老街

地景紀

大漢溪流域・大溪風華

大溪原名大嵙崁，一九二七年，
大溪公園經臺灣日日新報票選為「臺灣八景十二勝」——「崁津歸帆」。

大溪水月帆影歸

大清帝國以降，大溪即因木業興盛，成為桃園市廟宇、古蹟、歷史建築最密集的所在，以及保存傳統「大木作」建築業和「小木作」家具業、神佛雕像與供桌製作，獨步全臺，更是臺灣木匠和木藝師養成場域。

僻處幽靜鄉里的大溪，位居桃園市中部偏東，北鄰八德，西銜平鎮與龍潭，南隔石門水庫與復興相望，東接新北鶯歌及三峽，占地一〇五・一二〇六平方公里，為桃園第二大行政區。

大溪以大漢溪為界，分隔東西兩岸，「河東」是傳統行政與經濟中心，

▲ 大溪老街

神龕供桌木器行林立街頭巷尾，觀光生態發展快速，猶為特色；市區擁有不少知名旅遊景點，大漢溪、大溪橋、大溪公園、木藝博物館、巴洛克式建築風貌的和平老街、老茶廠、李騰芳古宅、慈湖等。「河西」因國道三號大溪交流道開通，概以透天住宅與大型高樓豪廈住宅發展為要。

大漢溪自古水流湍急，原有河道形成河階地，沿岸有數層與流域平行的河階；最高一階地名「三層」，屬山區；最低一階「月眉」，地處河階低窪區；位於上下階中間的第二層，既無山區蜿蜒的不便，也無窪地的水患之虞，適合居住，自然成為大溪開發最早、最富庶的地區。

▲ 大溪廟宇

大溪地勢多臺地丘陵，平原少，主要河川有大漢溪、烏塗窟溪、草嶺溪等；山脈有金面山、白石山、溪洲山、草嶺山、尾寮山、烏塗窟山等。大溪最早稱「大姑陷」，源自平埔族霄裡社人稱大漢溪「Takoham」的音譯。乾隆年間，漳州人沿大漢溪逆流而上，到此開墾，漢人咸認「陷」字不祥，遂以地處河崁，改名「大姑崁」。同治初年，在地士紳名人李金興出仕，李騰芳中舉，鄉民為彰顯科舉功名，將地名改為「大科崁」。光緒年間，巡撫劉銘傳在此設大嵙崁撫墾局，又將「大科崁」改成「大嵙崁」，直到一九二〇年，臺灣總督府首度將地名改稱「大溪」，沿用至今。

興起光緒年間的大溪，除擔負角板山木材輸出主要門戶，且以大漢溪為河運管道，船運往來頻繁，是當年北臺灣米、鹽、木材、煤礦、樟腦和茶葉運輸中心。

當前大漢溪河運不復存在，「崁津歸帆」名聲不響，但往昔渡船頭仍保存良好。二〇一二年三月，由交通部觀光局舉辦的「臺灣十大觀光小城」票選，大溪獲選第一名。

大溪特產除揚名遠近的豆干、陀螺，便是木器家具與

▼ 大溪木藝

▲ 大溪豆干

木藝製品，其中以紅木神桌獨特精細的雕紋最受青睞，大溪先人特別將木藝技術結合在地傳統文藝神將大仙尫，致使大溪成為北臺灣三大神將重地，與新北市蘆洲、宜蘭齊名。

已故文學家賴和在他的《1908-1914稿本》記載：「年暇由臺北徒步回家途中計費五日，始由三角湧（今三峽）沿中央山脈至頭份乃折向中港遵海濱而行，山嵐海氣殊可追念。」敘述他從臺北步行回彰化途中，從新店溪渡船轉大漢溪到三峽，沿途經大嵙崁（大溪）、鹹菜甕（關西）、北埔、頭份等地，或寄宿友人家，或借住寺院，深刻體驗大溪的山嵐峰煙、鄉土人情。返家後，共計寫下二十一首詩作，其中〈大嵙崁〉即描寫路過大溪的感懷：

吾生長嵙崁，又入嵙崁鄉，前途尚遙遠，亂山暝夕陽。

徒步八十里，腳軟行踉蹌，空聞角板山，地勝饒風光。
思欲一探之，吾腳力已疲，即此問風俗，語苦不能通。
我本客屬人，鄉言更自忘，感然傷懷抱，數典愧祖宗。

原來，熱愛土地的賴和從臺北出發，耗時五日，徒步回到彰化的用意，是打算考驗自己的毅力與耐力，宛如嬰兒學習走路，儘管朝前搖晃，幾番跌跌撞撞，尚能宜養茁壯之氣。這是身處搖搖欲墜的亂世，不惜一切，往前跋涉的精神象徵；說穿了，也正是景色美得使人驚心的大溪，讓賴和有感而發寫下這段美妙文字。

碼頭石板古道大慶洞

地點：大溪區大溪橋與武嶺橋東岸間

大漢溪畔的隧道「大慶洞」，早年與大溪橋同為連結大漢溪兩岸的交通要道，隨車流量激增，洞口高度、寬度頓時成為交通瓶頸；據當地耆老說法，一九七五年四月五日蔣介石過逝，靈柩從臺北移至慈湖半途，因靈車高度與寬度超過極限，府方緊急應變，調派工程人員把大慶洞路面向下刨低兩公尺，車輛方得以順利通行，也才會產生當前所見高低路面的景象。

大慶洞前後相通的石板路，在大溪仍以航運對外連絡的年代，作為碼頭與和平路老街聯繫，又有稱「碼頭古道」。古道建於晚清，時當大嵙崁溪桅檣林立，碼頭喧囂擾嚷，熱鬧繁忙，大溪生產的米、茶及樟腦概由古道搬運至碼頭上船，送往下游的艋舺、大稻埕，再經滬尾輸往國外。

日治時期，大漢溪已顯現淤砂嚴重的情況。大正十三年（一九二四），桃園大圳完工，引大漢溪上游灌溉桃園臺地，大漢溪水量遞減，加上臺北、桃園縱貫公路陸續完工，陸路運輸興起，大溪碼頭、古道跟著沒落，進而走

▲ 大慶洞

▲ 大慶洞

▲ 大慶洞壁畫

▲ 舊碼頭石板古道

▲ 大嵙崁溪舊碼頭石板古道

入歷史。

一九八六年，公路單位在大溪橋下游建造武嶺橋，二〇一七年八月拓寬為三線道，替代逐漸喪失運輸功能的大溪橋；二〇〇四年，大溪橋被整修為步道景觀橋，沉寂多年的大慶洞跟著重見天光。

長廿七．五公尺、寬五公尺、高五．八公尺的大慶洞，二〇一六年一月，在市政府與區公所積極作為下，邀請六位當地藝術家，耗時一個月，以威尼斯人酒店天花板的天空意象為創作主軸，手繪大溪最具代表性的歷史建築與人文美學，大溪橋、和平路老街、石門水庫、武德殿、大慶洞、街屋、特產等彩繪藝術，讓遊客從繽紛色彩中見證過往繁華大溪的多樣面貌。

路過碼頭石板路，經大慶洞欣賞彩繪，再漫步大溪橋玩味風景，是大溪的懷古之旅。

▲ 大溪橋風貌

▲ 大溪橋

▲ 巴洛克風格的大溪橋

巴洛克風格的大溪橋

地點：大溪區瑞安路一段

橫跨大漢溪的大溪橋，始建清代，早期以竹籠、石塊堆疊興建成竹木板橋，供人通行，是大溪對外連絡的交通要道。

日治昭和九年（一九三四），日方改建為長二百八十公尺的雙孔鋼索吊橋。一九六一年代，橋身不堪負荷，公路單位將之拆除，改建成鋼筋混凝土橋，一九六三年葛禮颱風侵襲，大漢溪氾濫，大溪橋引道與橋腳遭沖毀，後修建復舊。直到一九九七年，再次遭賀伯颱風摧殘。二〇〇一年底動工，重新翻作，二〇〇四年完工成為步道景觀橋，不再提供車輛行走。

翻新的大溪橋，長三百三十公尺，十三座橋墩，橋面紅磚、拱門、石雕，橋身兩側設計成花臺牌樓，外觀仿巴洛克風格，橋頭兩端砌成城堡模樣，呈現復古吊橋。

白天，橋上視野遼闊，可遠眺石門水庫與大漢溪明秀景致，黃昏後，橋身點綴的燈飾，光華絢麗，閃爍的璀璨燈火下，佇足聆聽街頭藝人演唱輕快歌謠，充滿異

▼ 巴洛克風格的大溪橋

▲ 夜間的大溪橋

▲ 閃燈的大溪橋

國情調，十分迷人。

令人著迷，復刻版仿製巴洛克風貌的大溪橋，是旅遊大溪必訪地景，感覺用手觸摸橋身，那巴洛克建築的實體感，奇妙而美好的支配整條大漢溪的折衝美感，那是流動的河川，歷史的呼喚。

這座橫跨大漢溪，典雅浪漫風情的大橋，已然成為大溪地標。

原名崁津公園的大溪中正公園

地點：大溪區普濟路

大溪街（注）原為日治殖民、理番的重要據點，一九〇九年，官方以「標準都市」作為大溪的都市規畫概念，且以臺灣地形圖為藍本，在大漢溪畔的渡船頭，規畫大溪第一座公園、桃園第一座神社；一九一二年，大溪公園建造完成，取名「崁津公園」，又稱「大嵙崁公園」。一九二七年，臺灣日日新報票選為「臺灣八景十二勝」之一。公園居高臨下，制高點可清楚俯瞰大漢溪緩緩流過的水風光。

園區栽植臺灣萍蓬草、野薑花等原生植物生態池，以及碩大樹幹的榕樹，盤錯的樹根，枝葉茂盛的樟樹、九芎、楓香、茄苳、落羽松、櫻花、黑松等樹種，古木參天、花草茂盛幾達綠蔭遮天。

綠意盎然的大溪中正公園，季節性的日光在樹林間閃閃生輝，面對老樹、古蹟，使人感受秀麗公園的面貌和歷史沉靜不語的氣勢，平時或假日，走進歷史久遠的公園，有種忽然從嘈雜城市走進寧謐山林的適意感慨，這種感受豈僅遊山玩水歷程，更是不被沉靜不語的歷史所拘束的喟

注：大溪街，存在於一九二〇到一九四五年的行政區名稱，轄屬新竹州大溪郡，即今桃園市大溪區。

▼ 大溪中正公園

▲ 大溪中正公園

▲ 超然亭

▲ 相撲廣場

▲ 大溪中正公園陀螺廣場

嘆。

歷史沿革中，三層樓高的「超然亭」原為大溪神社，改成「復興亭」的是日治時期「忠魂碑」遺址，改成蔣介石行館的是公會堂；記錄歲月刻痕的石桌、石椅、石燈遺蹟，依稀模糊難辨的「昭和」、「奉納」等字跡，還有，改為表演廣場的相撲場舊址、武德殿，所見都古蹟，好比秋陽普照，只在一瞬間看見不可捉摸的歷史陳跡，出現一片縹縹緲緲。歷史在這裡，一樣被竄改，塗抹掉了。

幸好經由桃園市政府重新打造，並將大溪公園定位為歷史遺蹟公園，積極整修維護或還原，一方面重現日治時期景象，超然亭修築表參道，路側設置五座石燈籠，另建陀螺廣場、重建相撲場，展現大溪懷舊風情的景象。

■北臺灣最具古典韻味的大溪老街

地點：大溪區和平路

大溪是桃園第二大行政區，位居大漢溪河階臺地及山脈銜接處，過去因水運之便，為舟楫往來、商賈雲集所在。最重要者，由於溪河貫穿，向北悠然而去，使這條被大溪人認定的母親之河，因水、木材，而孕育出輝煌的木藝業。

▼ 和平路老街

▲ 大溪和平路老街

▲ 大溪通議第碑石鎖入城樓中

大溪發展的歷史，跟發跡板橋的臺灣五大家族之一的林家不無關聯，林家先祖林應寅於一七八四年，大清乾隆年間，率長子林平侯渡海來臺，落腳臺北新莊，林平侯經營米業、鹽業生意，家業原已興盛昌隆，林爽文事件發生後，物價暴漲因而糶米致富，成為臺灣少數富豪鉅子。林平侯藉此捐官得同知一職，分發入仕廣西，歷任潯洲、桂林，因政績頗佳，升任南寧與柳州知府。直到一八一八年辭官返鄉，專心經商營利，是時，新莊泉州人聲勢浩盛，又逢臺北盆地發生激烈的「頂下郊拚」械鬥，林平侯家族不敵，攜家帶眷，從新莊乘船沿大漢溪遷移大溪。

林家仗勢財力雄厚，在大溪大興水利、開路設寨，移民紛紜雜沓跟隨湧至，家族擁有田產足足超過五千甲，成為臺灣最大地主，進一步帶動大溪米業、茶業、樟腦業和木業發展，同時讓新莊遷居過來的漳州籍木工石匠，在現今中央路、中正路和和平路之間，大溪國小和綜合運動場一帶，興築外圍擁有堅固石牆，占地四甲的「通議第」，從此，街廓不斷向東南發展成街區，漸次形成繁榮百年的「大溪老街」。

大溪老街既是桃園開發最早的地區，透過大漢溪帆船行駛在淡水河經營貿易，造就不少富賈商行。日治大正時代流行巴洛克建築風潮，和平路、中山路、中央路三條歷史街屋，不僅規模龐

▼ 和平路老街

▲「金昌」與「KANG」古宅的「源古本舖」

大，建築外觀與牌樓立面一樣完整保留融合繁飾主義和河洛傳統的巴洛克裝飾圖案，希臘山頭、羅馬柱子和中式魚、蝙蝠等祈求吉慶的圖案相互混合，形成大溪建築的最大特色，這三條歷史街屋，和平路因開發晚，老屋保存狀況相對較好，街市商家林立，十分熱鬧，如，擁有一八〇年歷史，融合東方古典風格與現代感的生活家飾鋪，「金昌」與「KANG」古宅的「源古本舖」。

完好保留昔日繁華面貌的大溪街市，呈現在水一方的古典市鎮景觀，如今，洋樓林立的和平路、中正路，名列北臺灣最具特色的老街，百年木器產業、大溪豆干、古道、廟宇，紛紜傳述老街璀璨的人文事蹟。

■ 一代歌后鳳飛飛故居

地點：大溪區和平路草店尾（福仁宮後方）

作家小野說：「桃園是最能代表臺灣原鄉文化的地

方，你可以在這裡找到臺灣的歌曲，臺灣的文學，臺灣的電影，你想要解釋臺灣是什麼？就從桃園走一趟，大概就可以知道臺灣的歷史，她既國際又本土，這兩個是永遠不會衝突的。這裡有『臺灣歌謠之父』鄧雨賢、『臺灣文學之母』鍾肇政、『帽子歌后』鳳飛飛。」

是的，作家口中的一代歌后鳳飛飛，原名林秋鸞，一九五三年八月出生大溪，少時居所位於和平路老街福仁宮後方「迷宮巷」內。

在臺灣、東南亞等華人社會享有高知名度的演藝人員，演藝事業橫跨歌手、演員與綜藝節目主持人，有「帽子

▲ 福仁宮

▲ 迷宮巷

▲ 迷宮巷花景

▲ 鳳飛飛舊居

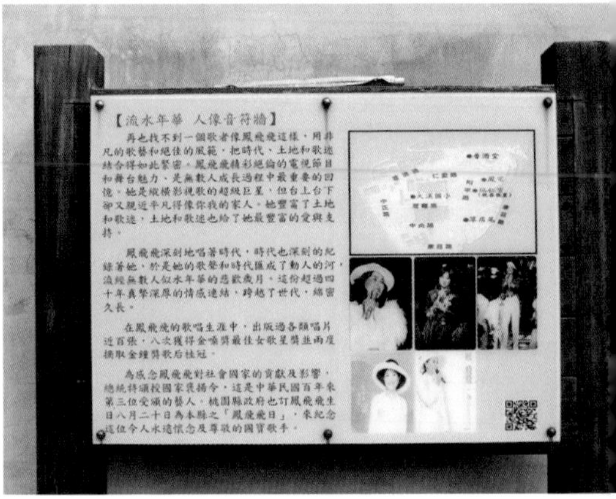

▲ 鳳飛飛舊居看板

歌后」、「勞工天使」美譽的鳳飛飛，生平第一首歌曲〈初見一日〉，其後，〈祝你幸福〉、〈楓葉情〉、〈我是一片雲〉、〈奔向彩虹〉、〈一顆紅豆〉、〈追夢人〉、〈掌聲響起〉、〈想要彈同調〉、〈流水年華〉、〈心肝寶貝〉、〈想要跟你飛〉等上百首歌謠，奠定她成為臺灣歌壇舉足輕重的藝人。

一九八〇年，鳳飛飛與香港商人趙宏琦結婚，一九八九年生子。一九八二、一九八三年蟬聯金鐘獎最佳女歌星。二〇一二年元月三日因肺腺癌病逝香港九龍聖德肋撒醫院，遺靈長眠大溪佛光山寶塔寺。

鳳飛飛十五歲之前居住的大溪舊宅，坐落福仁宮後方的草店尾及後尾巷，因為巷窄路小、錯綜複雜猶如迷宮，所以稱迷宮巷。故居幽靜，巷衖共有八口百年以上歷史的共用水井，山坡下為天然湧泉的洗衣坑，是早期草店尾居民的洗衣所在。時至今日，居民仍會在初一、十五祭拜

▼ 迷宮巷舊水井

水神。迷宮巷的建屋，大都採用日治時期臺灣煉瓦株式會社生產的磚頭，別具風味。有趣的是，離開清幽迷宮巷，便是人潮擁擠、熱鬧非常的和平路老街。

■ 大溪河濱公園自行車綠廊

地點：大溪區大鶯路武嶺橋下

二〇一八年春，市政府在臺三線及市道桃六〇交叉點的武嶺橋下，大漢溪左岸，占地六・九公頃的河濱公園興建步道，一方面維護河岸生態防汛，再則，可以遊覽大漢溪沿岸山光水色、生態公園，池塘生態園。自行車道開

▲ 河濱公園

▲ 河濱公園生態池

▲ 河濱公園

▲ 大溪河濱公園

▲ 河濱公園水塘

▲ 河濱公園自行車道

▲ 武嶺橋下自行車道

闊寬敞，臨水而行，伴隨微風，一派清涼。

園區規畫行人與自行車步道，串連大溪橋，包括入口廣場、中心服務區、壘球場、單車遊戲場、水岸廣場、坡頂活動廣場、兒童遊戲場、休憩小廣場、體建遊戲場、湖濱觀景臺、景觀湖、坡地水景區、生態調節池、木棧道平臺等設施。

河濱公園自行車道，上通龍潭三坑，下達新北鶯歌，是大漢溪沿岸美景觀察站。

當然，如果從武嶺橋下自行車道出發，沿大溪河岸綠廊前行，全程約莫七公里，先是農田景色一路相隨，朝上游，穿過大溪橋、三坑水岸自行車道，到龍潭三坑老街，是連結大漢溪優美勝景的河濱步道。

■ 大溪木藝生態博物館壹號館

地點：大溪區中正路六八號

大溪隨處可見超過一百年以上的老房子，臺式、巴洛克式，處處彰顯臺灣建築的歷史縮影，也顯現木藝業在大溪輝煌的過去與現在。

一八一〇年代，木器業開始在大溪紮根，經過兩百多年的精進發展，儼

▲ 大溪木藝生態博物館壹號館

▲ 大溪木藝生態博物館壹號館

▲ 大溪木藝生態博物館壹號館

然成為臺灣木器業重鎮。

源於北歐的「生態博物館」概念，無圍牆的大溪木藝生態博物館，便是把整個大溪看作一座木藝博物館，讓居民從中找回傳統木藝業的光榮感，這座木藝生態博物館充滿大溪人競競業業發展木藝的故事，尤其木藝、家具、神桌、南北貨日用品等各行各業，聚集老街所延伸、重現過去的生活樣貌，讓大溪木藝生態博物館以文創概念，融入現代生活，加上輔導廿一家街角館所展現的木藝特色，恰使博物館成為一部活脫脫的大溪木藝史。

「大溪木藝生態博物館壹號館」二〇一五年一月一日成立，同年三月廿八日開

▲ 壹號館展場

▲ 壹號館展場

放參觀。

「壹號館」是利用一九二〇年代興建的日式高架平房，大溪國小校長宿舍整建而成。館舍涵蓋木藝、食物、宗教等常民生活文化，戶外配置有「新玉清木器」設計的大溪老街牌樓造型長木椅，室內設有「協大木器」設計的新式木桌椅，配合影音、地圖導覽，傳述大溪古往今來的木藝文化。

■大溪木藝生態博物館武德殿

地點：大溪區普濟路 35 號（大溪圖書館旁）

木藝生態博物館是以保存文化資產與結合地方社群為要，推出「大溪木藝產業」和「大溪常民生活」為主題，將學校宿舍、警察宿舍等公有館舍重新修繕，涵蓋武德殿及

▲ 武德殿展場

▲ 武德殿展場

▲ 大溪木藝生態博物館武德殿

▲ 武德殿展場

▲ 武德殿展場

廿二戶日式宿舍群，採分年多階段維修，並串聯當地歷史街屋，打造大溪成為一座人文博物館。

建於一九三五年的武德殿，是日治時期用於培訓警察柔道、劍道的武道館；館舍採傳統日式建築「寺殿式樣」的形式建構，武德殿與公會堂並稱大溪公園「一和一洋」的建築，東洋與西洋建築相映成趣，平添「大溪木藝生態博物館」最具特色的建物。

▲ 大溪木藝生態博物館四連棟

一九五〇年代，大溪公會堂被修繕為蔣介石行館，增設大溪憲兵隊，武德殿作為隊部所。

二〇〇〇年隊部撤除，市政府將舊宿舍整修為親子活動中心。二〇〇〇年十一月重新修復，翌年十二月完工，三層樓的官舍改設為大溪圖書館。二〇一五年規畫為大溪木藝生態博物館館舍之一，常設展出大溪文藝季與社頭文化。

大溪木藝生態博物館四連棟

地點：大溪區普濟路 17、19、21、23 號

木藝生態博物館四連棟，建於日治昭和十二至十五年間（一九三七至一九四〇年），屬丁種判任官舍，是大溪百年警政宿舍群的一部分；因形式為一排四戶，故稱「四連棟」。

四連棟建築見證大溪近百年警政沿革與變遷，並記

錄不同年代住民的生活軌跡。二〇一二年登錄為歷史建築，修繕後成為木藝生態博物館的公有館，被定位為木藝館的常設展館，以「大溪人的生活與歷史」為題，展示大溪豐厚的文化特質。除了靜態的模型與文物展示，也有動態影音傳達大溪人的故事。

四連棟展覽主題：

源自大漢溪：從地理環境與產業，了解大溪發展為繁榮市街的過程。

誰住在大溪：看見各時期大溪人多樣聚落生活。

人文化城：凸顯參與建設大溪的人物，如，呂鐵州、鳳飛飛等人在文化教育

▼ 四連棟展場

的精湛表現。

產業協力：配合藝師館的職人展，從不同面向解構大溪木藝產業文化。

眾志成城：追溯二十年前的社區營造，啟動在地人參與公共事務、關心地方文史記憶的動能，並在「傳動大溪協力精神」一單元，寄託民眾對大溪未來的想望。此外，「大溪人說故事」也以小型特展方式，藉由大溪人獨特的生命經歷，映照不同主題的大溪故事。

■ 大溪木藝生態博物館藝師館

地點：大溪區普濟路 52 號

「藝師館」建於日治昭和十六年（一九四一），是大溪郡役所警察課官舍。

▲ 四連棟展場

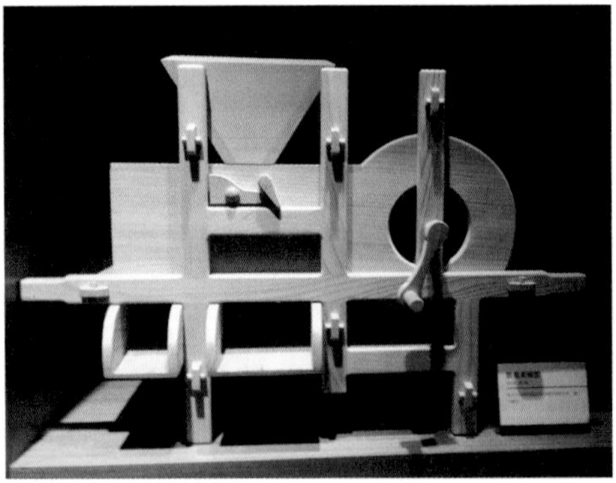

▲ 四連棟展場

▲ 藝師館展場

▲ 大溪木藝生態博物館藝師館

▲ 藝師館

國民黨政府遷臺，蔣介石在此設置行館，後由專屬理髮師俞濟昌一家居住。藝師館整建前，官舍閒置，被規畫為木藝生態博物館「藝師館」用地，該館主展大溪大師級的木藝創作、木器製作工具等具體器物，作為藝師傳承的文化基地，讓民眾不僅欣賞木藝之美，更能認識藝師「師承」的發展脈絡，並體會木器製作背後的職人精神。

「藝師」在大溪是備受

▲ 藝師館展場

▲ 大溪國寶級木藝師游禮海

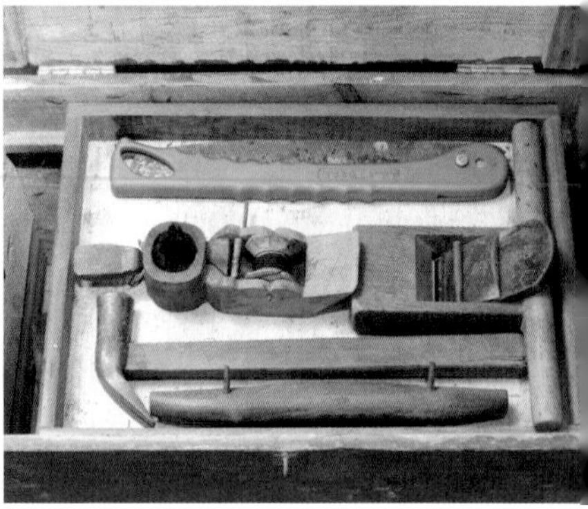

▲ 藝師館展場

木器業敬重的長者，地位崇高，曾獲多項國家工藝大獎的國寶級木藝師游禮海，即為「藝師館」山門寫下對聯對句：

藝乃滋靈　甘露水
師為傳世　文明根

「藝師館」內還收藏有游禮海撰寫大溪四季的一首詩作：

南雅山巒　春雨漫
東昇曙光　照夏忙
秋嫁木刻　聲傳藝
歲冬學子　讀書寒

注：南雅，包括大溪月眉里、福仁里、興和里、田心里等大溪區中心，行政機關、和平路、中山路老街、大漢橋、武嶺橋、崁津大橋等區域，庶民習稱南雅。

月眉舉人李騰芳古宅

地點：大溪區月眉路 34 號

桃園境內唯一國定古蹟的李騰芳古宅，又稱李金興古宅、李金興古厝或李舉人古厝，產權所有人為李金興五大公業。

李家原居福建漳州府詔安縣秀篆鎮寨坪村，開基先祖李善明，當年登臺先由臺南登陸，初居楊梅，輾轉到大溪美華里小角仔定居，李善明第五子李先抓遷至月眉開墾，從事米穀買賣，後利用

▼ 月眉舉人李騰芳古宅

大嵙崁溪航運，使家業蒸蒸日上，家號「李金興」。

李炳生三子李騰芳本名有慶，字香閣，號蘭亭，騰芳為官名，生於嘉慶十九年（一八一四）。咸豐六年（一八五六）李騰芳四十三歲，中秀才，一八六五年到福建參加鄉試，中舉人第廿一名，為同年臺灣出身士子中之最；三年後加捐內閣中書，在大溪文壇有舉足輕重地位。

建築精緻豪華，被列為二級古蹟的李騰芳古宅的前身，是乾隆五十八年（一七九三），先祖李先抓建於月眉頂厝底的家宅。咸豐六年（一八五六），李騰芳中秀才，四年後始建李騰芳宅。同治三年

▲ 李騰芳古宅（照片／劉正偉提供）

▲ 李騰芳古宅大門

▲ 李騰芳古宅

▲ 慈湖

（一八六四），李騰芳「大夫第匾」落成。翌年，李騰芳中舉。昭和元年（一九二六），芝蘭堂落成。一九八五年，內政部公告李騰芳古宅為臺閩地區國定第二級古蹟。

李宅內部細木作、彩繪古典優雅，集傳統木藝精髓，典型紹安客家建築，門廳與正廳大木結構是古宅木作最精緻部分，木藝雕刻精絕，秀麗的棟對與書畫掛軸，散發文人雅居的建築風貌。

花式操槍慈湖水景色

地點：大溪區復興路一段 1097 號

慈湖原稱埤尾，土地為板橋林家所有，一九五五年，林家無償捐贈十九公頃給政府充當軍事戰備用地，實則作為蔣介石行館。一九七五年，蔣介石往生，靈柩於四月十六日暫時安置慈

▲ 慈湖

▲ 慈湖梅花

湖賓館。

慈湖分前、後慈湖，兩湖水流相連，湖岸水色迷人。前慈湖依山傍水，風景清雅，春日梅花綻放，夏季楊柳垂青，風光明媚。池畔賓館，每小時逢儀隊交班，由三軍儀隊輪流擔任換班的花式操槍儀式，吸引遊客佇足觀賞。前慈湖還有雕塑紀念公園。

後慈湖的百吉林蔭步道，坡度和緩，彩蝶飛舞，綠林濃密，自然生態豐富，林相以次生林、原始林、竹林為主，常見鳥類有黃嘴角鴞、竹雞、大冠鷲、臺灣

▼ 慈湖賓館

藍鵲、山雀科及鶇科等，最高處可眺望遠山、盡覽大溪全貌。

頭寮大池水玲瓏

地點：大溪區頭寮新福圳

位於大溪頭寮竹篙厝產業道路的新福圳，俗稱頭寮大池，是一座人工埤塘，左右大小二池的面積十九公頃，除作為灌溉用水，當地農民也會拿來養殖魚類，由於自然環境維護得宜，每年入冬，候鳥大舉過境，好似飛鳥博覽會。

景色清幽的頭寮大池，位處偏鄉僻靜農田處，埤塘中的「池中島」，看似怡然優閒，遺世獨立，原本是當地「水中土地公廟」，自從土地公移至鄰近福昌宮，這座被綠樹環繞的人

▲ 大溪頭寮

▲ 大溪頭寮

工小島，儼然成為白鷺、蒼鷺、夜鷺的棲息地，春日季節，湖畔種植的多棵櫻樹，增添花色，使人翩然迷醉；隨後，滿山五月雪相繼到訪，野林一片白茫茫桐花，引人入勝。

少人踏足的大池祕境，波光粼粼的湖面，時而可見水鴨蹤影，為清靜埤塘增添幾許風雅。

舊百吉隧道戰略據點

地點：大溪區北橫公路，過慈湖，臺7線5公里處

臺七線新舊並列的百吉隧道，正是連結慈湖與復興的幹道；新百吉隧道為雙向車道，舊百吉隧道廢棄變更為觀光遊憩步道，兩座車道見證百吉隧道的歷史變遷。

舊名八結的百吉，是早期大溪往來角

▲ 頭寮大池

▲ 頭寮大池

▲ 舊百吉隧道

▲ 舊百吉隧道

▲ 舊百吉隧道臺車

板山的必經之道，一九四四年，日方在此闢建具有防空、疏散與行人功能的隧道，同時作為控制角板山番界的戰略據點，一九五七年土石崩塌，交通中斷，八年後才整修成為現今所見舊百吉隧道。

舊百吉隧道又稱總督府古道，長三百四十三公尺、寬四．五公尺，南洞口上方留有時任省主席黃杰

▲ 舊百吉隧道

手題北段橫貫公路、百吉隧道字樣。一九九二年，雙向通行的新百吉隧道通車，舊百吉隧道運輸功能畫下句點，二〇一七年修成觀光步道，隧道內保留日治時期架設的輕便鐵道、臺車，彷彿回到舊時代景象。

林蔭深深的舊百吉隧道，是記述大溪與角板山交流的時光隧道，尋幽訪勝好去處。

■ 茶金新貴大溪老茶廠

地點：大溪區復興路二段 732 巷 80 號

隱身靜謐巷衖的大溪老茶廠，前身為一九二六年日人興建的角板山工廠，占地一六七〇坪，融合臺、日、英風格的綠建築，是百年少見的風情建築，盛產日東紅茶，年

▲ 大溪老茶廠

▲ 老茶廠展出製茶機械

▲ 老茶廠展場

達六百英噸，當代稱「茶金新貴」。一九五六年，一場大火讓茶廠差些全毀，二〇一〇年，臺灣農林股份有限公司著手重建，隱沒半世紀的茶韻風華，得以重現。

大溪老茶廠，外觀以印度大吉嶺茶廠為藍本，內部空間設計為臺日複合式，建物以藍色為主，無論窗櫺、梁柱、造型層架、牆面、藝術畫作，與磚造混合檜木屋架的工廠，無比契合，茶廠的網頁提到：在這片「大溪藍」下，時光洗鍊出的沉靜美感與骨董製茶設備，悠緩低語禪風裡的茶話。

品茗、賞人文，池畔漫步，處處流溢古樸況味，完美重現百年光陰的老茶廠，入廠券每人一百元，可全額折抵當日消費、購物或兌換商品。

▲ 老茶廠展場

▲ 老茶廠販售茶葉

▲ 老茶廠展場

大漢溪紀行

大漢溪桃園流域的人文生態與地景錄

作 者・攝 影／陳銘磻
美 術 編 輯／方麗卿
企 畫 選 書 人／賈俊國

總 編 輯／賈俊國
副 總 編 輯／蘇士尹
編 輯／高懿萩
行 銷 企 畫／張莉榮・廖可筠・蕭羽猜

發 行 人／何飛鵬
法律顧問／元禾法律事務所王子文律師
出 版／布克文化出版事業部
台北市中山區民生東路二段 141 號 8 樓
電話：(02)2500-7008 傳真：(02)2502-7676
Email：sbooker.service@cite.com.tw
發 行／英屬蓋曼群島商家庭傳媒股份有限公司城邦分公司
台北市中山區民生東路二段 141 號 2 樓
書虫客服服務專線：(02)2500-7718；2500-7719
24 小時傳真專線：(02)2500-1990；2500-1991
劃撥帳號：19863813；戶名：書虫股份有限公司
讀者服務信箱：service@readingclub.com.tw
香港發行所／城邦（香港）出版集團有限公司
香港灣仔駱克道 193 號東超商業中心 1 樓
電話：+852-2508-6231 傳真：+852-2578-9337
Email：hkcite@biznetvigator.com
馬新發行所／城邦（馬新）出版集團 Cité (M) Sdn. Bhd.
41, Jalan Radin Anum, Bandar Baru Sri Petaling,
57000 Kuala Lumpur, Malaysia
電話：+603- 9057-8822 傳真：+603- 9057-6622
Email：cite@cite.com.my
印 刷／韋懋實業有限公司
初 版／ 2018 年 10 月
售 價／ 420 元
ISBN ／ 978-957-9699-50-1 城邦讀書花園 www.cite.com.tw 布克文化

本書由桃園市立圖書館補助出版